LE JOUR OÙ J'AI COMPRIS

DU MÊME AUTEUR

À L'AUBE DE LA 6e EXTINCTION, Grasset, 2021.

LE MONDE VIVANT, *avec Guillaume Lecointre*, Grasset-France Culture-Muséum national d'histoire naturelle, 2022.

BRUNO DAVID

LE JOUR OÙ J'AI COMPRIS

Itinéraire d'une prise de conscience environnementale

BERNARD GRASSET
PARIS

Photo de la bande : Gettyimages.

ISBN 978-2-246-83290-4

Aux enfants de 2017, 2020, 2021…

AVANT-PROPOS PARADOXAL

Tout se passe comme si nous pataugions dans une baignoire de paradoxes.

D'une part, l'humanité, c'est-à-dire chacun d'entre nous, est confrontée à une crise environnementale qui se signale par son ampleur et par sa fulgurance. Autrement dit, ce n'est en rien une transition lente comme l'ont été celles vécues par nos ancêtres du Paléolithique qui ont traversé des périodes glaciaires puis interglaciaires les contraignant à s'adapter à des toundras subpolaires comme à d'épaisses forêts tempérées, cela sur un temps très long laissant place à l'adaptation.

D'autre part, nous craignons de regarder cette réalité en face, nous nous trouvons de bonnes raisons pour douter, pour inventer tous les dérivatifs justifiant nos réticences à changer de mode de vie, pour surseoir encore un peu, quand ce n'est pas pour tout nier en bloc.

Cette situation paradoxale est renforcée par une ignorance de ce qu'est le monde vivant et plus généralement de ce qui fait la planète, en un mot, de l'histoire naturelle qui devrait pourtant retenir toute notre attention. Nous avons du mal à distinguer la feuille du hêtre de celle du charme et nous peinons à reconnaître des espèces d'oiseaux pourtant courantes. Tout cela vient du fait qu'en France, comme dans d'autres pays, l'histoire naturelle ne fait plus partie des exigibles de la culture. Confondre Zola avec Proust est une quasi-indignité alors que ranger les huîtres dans les crustacés est une erreur vénielle.

Les paradoxes nous suivent jusque dans notre vocabulaire, car les mots employés sont révélateurs de notre inertie à changer de regard. Ainsi, nous parlons de « développement durable », un bel oxymore puisque tout développement finit par se heurter à des limites. Nous évoquons, pour la bonne cause, les « services écosystémiques » comme si les écosystèmes nous rendaient volontiers service alors que c'est nous qui allons nous y servir.

Ne suis-je pas en train de forcer le trait, de tomber dans la caricature et, surtout, de mettre tout le monde dans le même sac ? La réalité est évidemment plus subtile. Ce que pense Madame X n'est pas ce que ressent Monsieur Y ; certains groupes sociaux, et plus globalement certaines populations ou sociétés, échappent aux paradoxes évoqués.

Revenons chez nous où l'ambiguïté se prolonge dans nos attitudes. Le dernier rapport du GIEC sorti en mars 2022, la COP 27 de novembre 2022 dédiée au climat, un mois plus tard la COP 15 consacrée à la biodiversité suscitent une émotion certaine. À chaque fois nous sommes embarqués par une vague de réactions médiatiques et politiques, mais à chaque fois la flambée est vite oubliée. Alors faut-il tomber dans un pessimisme désespéré – il faut dire que l'été 2022 est encore dans nos mémoires – ou bien s'ancrer dans une posture optimiste ? L'équilibre entre pessimisme et optimisme dépend du degré de confiance que nous accordons à notre capacité à réagir, nous individus, comme nous sociétés.

Du côté positif, une authentique prise de conscience émerge. Rétrospectivement, avec le recul de quelques décennies, je reste abasourdi par l'ampleur du changement de perception. On peut tout à la fois être atterré par l'ambiance des années 1950-60 qui glorifiaient la vitesse, les grosses cylindrées ou *Le Monde du silence* (bien peu respectueux des animaux) en lui accordant la Palme d'or à Cannes et un Oscar à Hollywood, et se réjouir que notre sensibilité collective ait enfin pris de l'ampleur. Pour être honnête, on peut constater que Cousteau lui-même avait progressé et que sa conscience écologique avait commencé à se faire jour.

Sur le versant négatif, l'amélioration de cette prise de conscience ne se traduit pas toujours en actes et elle est loin d'être universelle, même au cœur de cercles éduqués. La bascule des multiples constats scientifiquement établis vers l'opinion publique n'est pas encore acquise. Observez ces négationnistes de l'environnement qui, par confort, ne veulent pas renoncer à un mode de vie dispendieux, quand ce ne sont pas des lobbyistes qui défendent leur pactole, ayant tout intérêt à ce que rien ne change.

Alors, prise de conscience ou pas ? Optimisme ou pas ? Comment cela émerge-t-il dans notre baignoire à paradoxes ? Par quel cheminement en arrive-t-on, ou pas, à réaliser que la planète est en souffrance ?

Fin septembre 2022, alors que j'étais au milieu de l'écriture de cet ouvrage, je survolais le Portugal, de retour d'un sommet scientifique et diplomatique consacré à l'océan Atlantique. Les lits majeurs des rivières étaient pavés de champs verts. Le reste était plutôt jaune ou grisâtre. Dans les reliefs un peu plus au nord, la trace des incendies vue du ciel dessinait de vastes pans sombres qui m'évoquaient de la peau d'éléphant. Pure coïncidence de la pensée entre le climat et les espèces en danger. Même de là-haut, les conséquences de l'été 2022 étaient tristement visibles. Ma fonction, à la tête du Muséum national d'histoire naturelle, m'avait imposé ce déplacement, mais j'avais à l'esprit son impact. En effet, comment, dans cette troisième décennie du millénaire, alors que les indicateurs foisonnent, que les tendances se dessinent avec netteté, ne pas avoir en tête, face à nos gestes du quotidien, ou à d'autres gestes plus rares, que la santé et le futur de la Terre sont en péril ?

Introduction

Accusé boomer, levez-vous ! Eh oui, je suis un affreux « boomer » né au milieu des années 1950 et donc responsable, heureusement pas tout seul, de tous les maux de la planète. Du moins c'est ce dont on me rebat les oreilles. La génération de mes enfants et plus encore celle des millennials me taxent d'irresponsable, voire de criminel coupable d'un écocide. Pourtant, je suis naturaliste, paléontologue et biologiste, j'ai été des années chercheur au CNRS, avant de devenir président du Muséum national d'histoire naturelle, j'ai souvent pris la parole et la plume pour alerter et défendre la cause de l'environnement et de la biodiversité. C'est dire si j'y suis sensible ! En dépit de cela, je suis a priori coupable de ne pas l'avoir fait assez tôt, de ne pas avoir assez tôt accordé mes paroles et mes actes. Mais était-ce si simple ? Que savez-vous de ces périodes de consommation frénétique que vous n'avez pas vécues ? Étaient-elles d'ailleurs si frénétiques ? Que consommaient vraiment les Européens de cette époque, quelle était leur empreinte écologique ?

C'est pourquoi, si je puis me permettre et avec tout le respect que je vous dois, monsieur le jeune accusateur public, je vous enjoins de vous garder d'un jugement rétrospectif trop hâtif. Il est facile d'accuser à l'aune des connaissances et de la sensibilité de 2023, mais tous les éléments qui permettent une prise de conscience forte aujourd'hui étaient-ils disponibles dans les décennies de la seconde moitié du XXe siècle ? Hormis quelques précurseurs remarquables qui ont senti monter les problèmes, on peut évoquer Rachel Carson aux États-Unis avec son livre de 1962 *Silent Spring*[1], diffusé à plus de 500 000 exemplaires, ou Jean Dorst qui publia presque simultanément en France *Avant que nature meure* (1965), un livre qui sera traduit en dix-sept langues[2]. On pourrait même remonter à Victor Hugo qui, en 1870, écrivait :

« C'est une triste chose de songer que la nature parle et que le genre humain n'écoute pas. »

Serait-ce à dire que toutes les générations qui se sont succédé depuis auraient été irresponsables ? D'ailleurs, même ces précurseurs, si perspicaces, ont pu sous-estimer certains problèmes. Prenons le professeur au Muséum, Jean Dorst. Dans son livre prémonitoire de 1965, Dorst passe en revue une kyrielle de secteurs géographiques et de pressions sur les écosystèmes, mettant en exergue déforestation, pratiques agricoles, pollutions diverses, gaspillage des terres... Il souligne leur fragilité et tout ce qui les menace. Je suis sincèrement admiratif devant cette capacité à être visionnaire, à être en avance. Néanmoins, arrivé au chapitre consacré à l'océan, et bien qu'il reconnaisse que les ressources marines puissent être exploitées de manière trop intensive par endroits, il a ces mots :

« Il est sans aucun doute a priori impossible qu'une espèce marine puisse être exterminée par la suite de la seule action humaine, sauf en ce qui concerne les mammifères. [...] Quand des prélèvements sont effectués, un nouvel équilibre s'établit, pas nécessairement défavorable à l'ensemble de la biocénose marine ; bien plus que dans le cas des écosystèmes terrestres, il existe un énorme surplus de populations, éliminé normalement par suite des effets de la prédation et de la compétition, et dans lequel vient puiser l'homme sans dommage pour l'ensemble des stocks[3]. »

Lucide sur de nombreux points, il minimise ce qui pourrait affecter la biodiversité océanique, n'imaginant pas que l'océan dans son immensité aurait pu se trouver menacé. Lui aussi s'est trompé, au moins ponctuellement. Je souligne le fait que Dorst était un ornithologue et que Carson a décidé d'écrire son livre après avoir été alertée sur la décimation des oiseaux par l'insecticide le plus populaire des années 1950 et 1960, le DDT. En effet, les oiseaux sont non seulement l'un des groupes d'animaux les mieux décrits et les mieux connus, mais de surcroît ils sont très populaires et les *birdwatchers* amateurs font un travail exceptionnel d'inventaire et de suivi depuis le XIXe siècle. Autrement dit, dans les années 1960, la connaissance des oiseaux portait déjà en elle un signal d'alarme sur l'état de ce qui s'appellerait plus tard la biodiversité.

Je conçois, monsieur l'accusateur, que ces arguments puissent vous paraître légers pour justifier le comportement quelque peu désinvolte de celles et ceux qui ont traversé les Trente Glorieuses et les années qui ont suivi sans se préoccuper de la santé de la planète. Plutôt que de longues tirades justificatives, je vais tenter de vous éclairer en partageant mon expérience personnelle, depuis mon enfance jusqu'à nos jours. Comment ma prise de conscience s'est-elle faite ? Soyons clair d'emblée, je n'ai pas vécu « une nuit de Pascal » environnementale. Je n'ai pas eu une monumentale insomnie m'ayant amené au matin à me dire : la Terre et l'humanité ne tournent plus rond ! Il n'y a pas eu « le jour où j'ai compris ». La prise de conscience, car elle a bien eu lieu, a émergé de manière plus progressive, avec des étapes, quelques épisodes lourdement chargés de sens certes, mais sans épiphanie révélatrice. Je constate rétrospectivement que certains de ces épisodes m'ont suffisamment marqué pour que je m'en souvienne, très bien même, mais qu'à l'époque ils n'avaient pas suscité chez moi de réaction virulente. A posteriori, cela me donne l'impression d'avoir fonctionné comme un système immunitaire : une sensibilisation par petites touches, certaines ressenties sur le moment, d'autres pas, pour aboutir à une véritable réaction. Je vous invite donc à me suivre dans l'itinéraire d'une prise de conscience assez lente, au rythme des problèmes qui se faisaient jour avec de plus en plus d'acuité et des constats qui devenaient de plus en plus accablants.

Enfance
(1960)

Je suis né à Lyon et j'ai passé mon enfance, et même un peu plus, dans un quartier périphérique de cette métropole, aux confins orientaux de Villeurbanne, dans un environnement cosmopolite avec encore un pied dans le passé – un chemin creux bordé d'arbres où je faisais du vélo, des trottoirs en terre, le champ de mes grands-parents paternels, maraîchers en retraite –, et l'autre pied dans le présent – immeubles en construction, destruction des vieilles maisons en pisé...

Enfant dans les années 1960, j'ai eu la chance de grandir dans une famille de naturalistes sensibles aux sujets d'environnement : hors de question de se débarrasser d'un papier par la fenêtre de la voiture, une Panhard rouge sombre, hors de question de laisser traîner des restes de pique-nique. Ces quelques mots témoignent que le souci environnemental de l'époque – quand il y en avait un, ce qui était très rare – était clairement la pollution et presque uniquement la pollution.

Il faut dire que, dans la France des Trente Glorieuses, nos parents étaient fiers de nous montrer à quel point l'agriculture se modernisait, à quel point les routes devenaient plus larges, à quel point des bidonvilles laissaient la place à des cités de béton qui sortaient de terre à grand renfort de main-d'œuvre immigrée. Je me rappelle d'ailleurs avoir regardé brûler, depuis l'autre côté du « boulevard de ceinture » qui entoure Lyon à l'est, le bidonville qui étalait sa misère à 500 mètres du domicile de mes parents. Des logements en dur, quoique provisoires, et des barres flambant neuves avaient été dressés un peu plus au sud, vers Bron, pour remplacer les baraquements en bois et en tôle. La question de l'emprise du béton ou du goudron sur les territoires naturels n'était pas à l'ordre du jour, le « progrès » primait sur tout et il était beau par définition.

Pourtant, à Lyon, les jours de vent du Midi, le progrès avait une odeur, celle du couloir de la chimie qui s'étendait le long du Rhône au sud de sa confluence avec la Saône. Les usines de Rhône-Poulenc (textile et pharmacie), de Ciba (chimie), de Berliet (camions) et à peine plus loin la raffinerie de Feyzin tournaient à plein régime, émettant fumées et vapeurs sans filtre. La pollution se reniflait et j'ai encore en mémoire, plus de cinquante ans après, l'exact « parfum » de ces journées où le vent n'était pas favorable. Dit clairement, pas favorable pour évacuer ces miasmes dans une autre direction, vers d'autres populations.

Comment alors ne pas être sensibilisé, oserais-je dire éveillé, à ces questions de pollution, dès lors que vos narines enfantines la détectent ? Ma sensibilisation, voire ma détestation de ces pollueurs de mon air, était exacerbée par les propos de mon père, tenus certains soirs où le repas se prenait en retard ou commençait sans lui. Ce père naturaliste était géologue, professeur à l'université alors installée sur les quais du Rhône. À ce titre de scientifique, il était membre du Conseil d'hygiène du département du Rhône, qui se réunissait plusieurs fois par an à la Préfecture. Je me souviens de la question traditionnelle de ma mère l'accueillant d'un : « Alors, comment cela s'est passé cette fois ? » et de la réponse sensiblement la même de mon père « les nerfs en boule », comme il aimait à le dire, et las de voir l'histoire se répéter : « Ces foutus chimistes et industriels ne comprendront jamais que leurs effluves (dans l'air) et leurs effluents (dans l'eau du Rhône) présentent des niveaux de pollutions inacceptables ; ce sont des pollueurs et en plus des fourbes. » Je me souviens fort bien du soir où il a décrit les ruses employées pour déverser plus en aval les produits toxiques ou réduire l'activité des usines les jours de contrôle, qui étaient connus à l'avance. Eh oui, déjà à l'époque !

Je m'attarde sur la pollution car, dans les années 1960, c'était l'unique sujet de préoccupation pour les rares personnes ayant une sensibilité écologique, et que des faits sans rapport apparent les uns avec les autres ont laissé leur trace dans ma mémoire d'enfant. Attention, n'y voyez aucun traumatisme, simplement des petites touches de sensibilisation, quasiment à mon insu.

Transportons-nous dans le Massif central. Vers l'amont, à quelques kilomètres de sa source, la Loire est encore une rivière à moitié sauvage, alternant zones calmes et petits rapides. Qu'elle était belle la rivière de mon enfance, celle de l'été finissant lorsque, la rentrée des classes arrivant seulement fin septembre, je passais une dizaine de jours chez mes grands-parents maternels en Haute-Loire, dans le petit village de Lavoûte-sur-Loire. Image bucolique d'un parangon de village avec sa rivière, son pont, son château assis sur un piton de granite, sa petite église romane, son monument aux morts avec ses quatre obus dressés, le tout planté dans un paysage de forêts et de bocages. Vie simple de l'époque, avec un confort rudimentaire : pas de salle de bains, des toilettes à la turque sans chasse d'eau au fond de la cour et, encore plus surprenant, impensable depuis longtemps : pas de ramassage des ordures.

À la nuit tombée, car il fallait rester discret et digne, tout le village se croisait furtivement sur le pont qui enjambait la Loire et, hop, les petits seaux à ordure déversaient leur contenu dans la rivière. Ces seaux ne contenaient pas grand-chose, quelques noyaux ou épluchures emballés dans une page de journal, aucun plastique, aucun bocal ou bouteille, rien que du papier et de l'organique et encore, pas tous les jours. Accompagner mon grand-père la nuit était un divertissement dans lequel je ne voyais aucun mal : le pont était en aval du village et les poissons se chargeaient du nettoyage. La Loire était brave au point d'accepter nos déchets ménagers et même pire, car il n'existait pas de collecteur des eaux usées ni de station d'épuration.

Vie simple et loisirs simples, dont les parties de pêche en bord de Loire. Je ne faisais que le pressentir, comment faire plus quand on a sept ans, mais la Loire n'était pas resplendissante. Nos cannes en bambou se déployaient en amont du village et nous ne rentrions jamais sans de quoi faire une petite friture de vairons et de goujons. À ce jeu ma grand-mère était la plus forte. Seule ombre au tableau, la belle rivière d'allure encore sauvage au sortir des gorges qui viennent du Puy-en-Velay charriait régulièrement quelques paquets de mousse brunâtre tout droit venus des Tanneries du Puy, dix kilomètres en amont. Ces tanneries étaient une fierté locale installée à Chadrac, commune jouxtant Le Puy, au lendemain de la Seconde Guerre mondiale, à moins de 100 mètres de la Loire. Proximité bien commode[4] ! Jamais l'idée ne m'a traversé l'esprit que les poissons consommés le soir auraient pu être quelque peu chargés en chrome. Mon grand-père grognait par principe contre cette mousse et nous parlait de la Loire de son enfance, si propre, mais après tout, jamais personne n'était malade. En 2021, une enquête de Santé publique France révélait que tous les Français, enfants compris, étaient contaminés aux métaux lourds. Maintenant, je sais d'où vient une partie de ma dose.

Ces parties de pêche à la ligne auraient pu me faire rencontrer ma première espèce invasive mais c'est mon frère qui y a été confronté le premier. Je devais avoir une dizaine d'années et c'était au tour de mon petit frère de passer une semaine en Haute-Loire, tandis que je restais à Lyon. Mes parents reçoivent la traditionnelle carte postale – il faut dire que le téléphone n'était pas encore installé dans la maison de Villeurbanne et encore moins à Lavoûte – et là, le choc. Mon frère a attrapé une petite perche, mais en plus c'est une perche-soleil. Un double exploit, digne des bartavelles de Marcel Pagnol, un exploit qui m'est resté en mémoire car j'en étais à la fois jaloux et fier pour mon frère. Depuis, j'ai appris que derrière ce joli nom se cachait une espèce américaine introduite en Europe au XIXe siècle et que le Code de l'environnement impose d'occire en cas de capture. Celle de mon frère fut pêchée avant que cette obligation ne voie le jour et de toute manière, elle a fini frite ! Quoi qu'il en soit, à l'époque, cela ne préoccupait personne, un poisson restait un poisson et la notion d'espèce invasive n'avait pas émergé. Tout au plus pensions-nous au phylloxéra qui était plutôt connu comme ravageur que comme envahisseur venu d'Amérique.

Restons en vacances, au bord de la mer, avec mes parents cette fois. Pendant plusieurs années, nous partions en juillet aux confins du Languedoc et du Roussillon, à mi-chemin entre Narbonne et Perpignan, dans la petite station balnéaire de La Franqui, nichée au pied de falaises calcaires du Pliocène, autrement dit du Tertiaire très récent daté de deux millions d'années ; mais ça, je ne le savais pas encore. Pour la baignade, deux options : côté sable ou côté falaises.

Dans la première option, une fois le grau, connectant la lagune à la mer, franchi avec de l'eau à mi-mollets, le cordon littoral ouvrait son infini, à l'échelle d'un enfant, sur une dizaine de kilomètres jusqu'à Port-la-Nouvelle tout au bout. Je me souviens de mes déambulations solitaires et attentives, la baignade de l'après-midi passée, marchant tête baissée sur le haut de la plage, scrutant les laisses de mer déposées lors des tempêtes hivernales, à la recherche de quelque coquillage ou bryozoaire insolite fixé à une gorgone desséchée – ça, je savais ce que c'était. Pas de plastique, que du sable dur, légèrement incrusté de sel et bien propre, enfin presque. Obnubilé par ma quête, je ne regardais pas trop où se posaient mes pieds nus. Lors de la douche du soir, il arrivait assez souvent qu'une belle tache noire orne le dessous de mes pieds. Parmi les merveilles abandonnées sur le haut de la plage se nichaient des boulettes de goudron. Je trouvais cela « normal », une sorte de fatalité rejetée par les vagues, sans que je fasse le lien avec les navires nettoyant leurs cuves de mazout à grands jets d'eau de mer. Heureusement, nous avions du dissolvant, une chimie pas terrible pour la peau, mais efficace pour retrouver une plante des pieds immaculée.

Côté falaises, les énormes blocs rocheux éboulés et empilés en désordre dessinaient un chaos anguleux. Sous l'eau, avec mon premier masque, c'était vraiment « magique » et tellement dépaysant : des algues, des poissons, des oursins, des anémones... À l'air libre, le chaos nous imposait de progresser par bonds ou escalade lorsque les rochers étaient trop volumineux. Une compétition d'agilité, mais aussi la découverte entre deux blocs pas trop éloignés du ressac d'une petite mare avec ses patelles, ses minuscules crevettes, ses anémones, ses acétabulaires, algues en forme de petits parapluies dont ma mère m'avait appris le nom. Et puis, hélas, entre deux autres blocs, des ordures abandonnées, des bouteilles, des déjections qui ne venaient pas des oiseaux, mini-décharges sauvages nauséabondes qui me dégoûtaient.

Métropole lyonnaise, Loire, plages et falaises commençaient à me faire comprendre que certains de mes semblables n'étaient pas du tout sensibles à ce que mes parents s'évertuaient à m'inculquer, et que les humains se comportaient parfois vis-à-vis de la nature comme des cochons. La pollution était bien le sujet numéro un de l'époque et je n'ai même pas évoqué les décharges sauvages. Cette prise de conscience dès l'enfance du phénomène « pollution » avait été renforcée par deux actualités tragiques. La première, très proche, survient le 4 janvier 1966. La nouvelle raffinerie de Feyzin s'embrase, des flammes montent jusqu'à 400 mètres de hauteur lors de l'explosion des cuves et le nuage de fumée noire est visible depuis Lyon : il y aura dix-huit morts. Cet événement m'a profondément marqué car j'ai eu l'impression qu'il était survenu à la porte de chez moi, un sentiment d'autant plus fort que le drame alimentait toutes les conversations, en famille comme à l'école. Le second événement arrive un an plus tard. Il est plus lointain et je le découvre jour après jour à la radio – nous n'avions pas encore de télévision – à partir de mars 1967. C'est la première des grandes marées noires, celle qui fait suite au naufrage du pétrolier de 120 000 tonnes *Torrey Canyon*, dont la nappe gluante viendra toucher les côtes bretonnes et provoquer l'hécatombe de milliers d'oiseaux un peu moins d'un mois plus tard.

Mais tout n'était pas si sombre pour la biodiversité… Quoique !

Je commence par un étonnement et une fierté enfantine. Comme je l'ai évoqué, nous habitions en bordure de la métropole de Lyon. Nous occupions une maison, partagée avec mes grands-parents maternels qui logeaient dans un appartement intégré à celle-ci pendant les mois d'hiver, trop froids en Haute-Loire, et mitoyenne de celle de mes grands-parents paternels. Toute la famille regroupée : quoi de mieux ? Cette maison était entourée d'un grand jardin qui se prolongeait, au-delà d'un petit mur franchissable grâce à une échelle, par celui de mes grands-parents paternels : un bel espace pour des enfants. Je devais avoir six ou sept ans et je grattais la terre dans le potager de mon grand-père lorsque j'y découvris une drôle de bête. Un animal d'allure peu avenante et même redoutable, vif, marron, avec une sorte de carapace sur le dos, une paire d'antennes à l'avant et presque les deux mêmes à l'arrière. Appelé à la rescousse, le grand-père n'hésite pas une seconde : « Ah, une courtilière ! Sale bête ! » Et la sale bête finit écrasée au motif qu'elle trucidait sournoisement les salades par en dessous. Il faut dire qu'à l'époque, les êtres humains ne débordaient pas de sensibilité envers les autres espèces, à l'instar des chatons qui, à la campagne, finissaient noyés ou jetés contre un mur afin de mettre un frein à la surpopulation féline. Je ne l'ai jamais vu faire, fort heureusement, mais cela se savait et se pratiquait.

Seconde petite histoire locale. J'ai sensiblement le même âge. Je fouine dans un massif de fleurs, un massif dont je me souviens très bien : il avait une forme triangulaire et était délimité par des plaques de fibrociment ondulées. Accroupi, j'observe ce qui se faufile entre les tiges des tulipes et je découvre un bijou aux reflets verts et dorés à six pattes. Mon père le désigne comme étant un carabe, mon premier carabe, un carabe doré (*Carabus auratus*). Je venais d'apprendre un nouveau nom de bestiole.

La morale de ces deux petites histoires est double. Primo, les sales bêtes, les nuisibles, on s'en débarrassait sans pitié. Secundo, on pouvait trouver, dans un jardin urbain de l'époque, des insectes devenus rares aujourd'hui, et qui signalaient, en compagnie de nombreux lézards et escargots, que les produits chimiques avec un nom en « -cide » n'étaient pas de mise. En parlant d'escargots, me revient aussi en mémoire ceux que nous ramassions une ou deux fois par an de l'autre côté du « mur », des petits-gris (*Helix aspersa*) qui finissaient dans mon assiette. Il faut dire qu'ils grouillaient au printemps.

Je poursuis en revenant au monde marin que, déjà, j'affectionnais, avec une histoire qui illustre rétrospectivement le poids énorme du relativisme culturel dans le domaine de l'environnement.

Le commandant Cousteau était une gloire française, un homme qui côtoyait les grands de ce monde. Comment un enfant de dix ou onze ans, sensiblement l'âge que j'avais quand j'ai vu pour la première fois *Le Monde du silence*, pouvait-il rester imperméable à de tels exploits, à la beauté de telles images et ne pas tomber sous le charme de Jojo le mérou et de l'homme au bonnet rouge ? C'étaient les premières images sous-marines qui déroulaient le peu que je pouvais observer avec mon premier masque sur les rochers de La Franqui. Dans le contexte de la fin de ces années 1960, le film fut perçu comme une ode à l'océan. Et pourtant… Les scènes qui allaient faire naître une furieuse polémique vingt ou quarante ans plus tard paraissaient normales, ou presque. On pouvait faire exploser à la dynamite un morceau de récif corallien pour mieux dénombrer les poissons morts, on pouvait achever un cachalot blessé à mort par l'hélice de la *Calypso*, massacrer des requins, animaux détestables par définition, dans une frénésie hallucinante, on pouvait se faire remorquer par des tortues marines, monter sur la carapace d'une tortue terrestre, et même s'asseoir sur son dos pour fumer une clope. Avec notre regard du XXIe siècle, ce film dont je viens de visionner à nouveau quelques extraits se révèle être ce qu'il est, à savoir tout le contraire d'une ode à l'océan, mais plutôt une « ode à la connerie humaine[5] », une image finalement assez révélatrice et fidèle de la considération que les *Homo sapiens*, dont ces soi-disant océanographes, accordaient aux autres espèces vivantes. Je dis bien « soi-disant » car, quelques années plus tard, avec un minimum de formation en biologie, j'ai pu prendre la mesure de toutes les âneries qui émaillaient les commentaires des films du « commandant ». Il demeure que Cousteau, bien que non-scientifique, restera celui qui aura suscité nombre de vocations pour la biologie marine chez les jeunes de ces années-là qui ont su, eux, devenir de véritables défenseurs de l'océan.

Je vous propose un détour par un incendie de forêt. Eh oui, déjà ! Oh, pas un incendie que j'aurais pu observer, même de loin. Non, un incendie dont je découvrais les conséquences. Pendant quelques années, entre mes six et dix ans, nous avions l'habitude, avec mon frère et mes deux cousines, de partir avec ma grand-mère paternelle qui faisait preuve d'un sacré courage pour surveiller seule ses quatre petits-enfants. Nous passions ainsi une semaine, généralement en avril, dans le petit village de Collias, planté sur la rive gauche du Gardon, un peu en amont du pont du Gard. Dans le premier virage de la route qui conduit à Nîmes s'élançait sur la gauche un petit chemin qui était, à chaque séjour, l'une de nos destinations obligées, un quasi-rituel. Ce chemin traversait le « bois brûlé », une modeste garrigue méditerranéenne de chênes verts et de pins épars qui avait été victime d'un feu quelques années auparavant. Je me souviens des troncs et tiges noircis, mais aussi des cistes vert tendre ornés de leurs fleurs roses et des buissons qui repoussaient déjà, sans compter les asperges sauvages, toutes fines, que nous cueillions avec bonheur. Au cours de ces quatre ou cinq années, le « bois brûlé » perdit de son attrait, de son aura de mystère. La végétation se régénérant, il méritait de moins en moins son qualificatif et, à mesure que nous grandissions, notre intérêt s'amenuisait. Me restent maintenant, rétrospectivement, les images d'une agression sur l'environnement, bien que je ne l'aie jamais perçue comme telle sur le moment.

Pendant que je suis à Collias, j'en profite. Il me revient des histoires que racontaient les villageois, évoquant tel ou tel hiver où le mistral soufflait si fort qu'il fallait traverser le pont, dont la rambarde en fer n'était pas bien haute, à quatre pattes. Vérité ou exagération méridionale, je ne sais pas, mais ce qui est sûr c'est que le mistral devait bien souffler. Une anecdote qui amène incidemment à la question qui suit.

Et le climat dans tout ça ? Aujourd'hui, pas un mois ne passe sans que l'on évoque tel ou tel record de température, tel événement extrême induit par le réchauffement climatique. Dans les années 1960, rien de cela, pas un mot, ou alors pour évoquer des records de froid, des étés pourris. Je n'étais pas encore né, mais le coup de gueule de l'abbé Pierre en 1954 est resté dans nos mémoires. Il fustigeait le manque de solidarité face à un hiver très rigoureux : – 13 °C à Paris, – 30 °C en Alsace.

Début 1963, je revois la « descente » qui conduisait du portail vers le fond du jardin. Mon père avait démonté les bordures des massifs pour libérer le passage. Pour qui, pour quoi ? Pour la famille et nos luges. Souvenirs et images encore précises de la neige qui tombe, s'accumule en abondance et va rester plusieurs semaines à Lyon, en plein secteur urbain. L'hiver commencera en novembre et s'achèvera début mars. Selon Météo France, cet hiver 1962-63 sera le plus froid enregistré depuis la fin du XIXe siècle en France. Il comportera plusieurs vagues de froid et de neige dont celle du réveillon de Noël, le plus glacial du XXe siècle. Il fera (température officielle) – 23 °C à Lyon, avec vingt-six jours de gel continu de nuit comme de jour, et le Rhône et la Saône charrieront des glaçons pendant plusieurs semaines ; les patineurs s'aventureront sur le lac du parc de la Tête d'Or. Pendant ce temps, je faisais de la luge avec mon petit frère.

On pourrait dire que c'était exceptionnel. Pas vraiment ; cet hiver 1963 faisait suite à celui de

1955-56 (– 21 °C à Lyon) et a précédé celui de 1970-71 (– 27 °C à Lyon). Preuve supplémentaire : si l'on se penche sur les courbes des fluctuations de température, les décennies 1960 et 1970 sont les plus froides depuis celle de 1910 en France métropolitaine[6]. Et là, il s'agit de moyennes annuelles. Dit autrement, ces décennies signent un refroidissement du climat alors même que l'effet de serre devait déjà agir en sous-main, sans quoi le froid aurait été plus intense encore. Comment aurions-nous pu être sensibles au réchauffement climatique ? D'ailleurs personne ne l'évoquait – je parle de la génération de mes parents car pour ma part, j'étais encore un peu jeune.

Corrélativement, la montée du niveau des mers n'était pas au programme. À l'école, j'apprenais que la mer avait reculé à Aigues-Mortes depuis que Saint Louis y avait embarqué, et que les falaises s'érodaient en Normandie sous les coups de boutoir des vagues de la Manche.

Si je tente une synthèse de cette décennie de l'enfance à travers le prisme des cinq facteurs de pression mis en avant par le rapport de l'IPBES[7] de 2019, le bilan est assez pauvre en ces années 1960. Au menu des pressions sur la planète, il y avait, très loin devant les autres facteurs, la pollution des eaux douces (la Loire), de l'air (à Lyon), de la mer (à La Franqui), des espaces (toutes sortes de déchets épars, mais sans les plastiques) ; venait ensuite la biodiversité, malmenée par la marée noire ou les marins de Cousteau, bien que pour eux ce soit plutôt un constat a posteriori. L'usage des espaces était vu par le prisme des constructions périurbaines, mais sans véritable connotation négative, bien au contraire. Les sujets relatifs aux espèces invasives et au climat n'étaient pas du tout à la carte et c'était même quasiment l'inverse pour le climat.

Adolescence
(début des années 1970)

De tout temps, être adolescent a offert beaucoup d'autres sujets de préoccupation que le souci des autres en général et de la planète en particulier. C'était spécialement vrai au début des « seventies », dans une société dépoussiérée par la tornade de 1968.

L'Europe sortait de sa période de reconstruction. On se réjouissait de l'arrivée des autoroutes pour aller plus vite[8] et plus loin – enfin, on allait rattraper les *Autobahn* allemandes et *autostrade* italiennes – on admirait sans réserve André Turcat aux commandes du premier Concorde en le comparant au Tupolev soviétique et au Boeing SST américain. Une douce euphorie et une foi dans le progrès technique et la croissance régnaient, même si la vie quotidienne était loin d'être rose pour tout le monde.

Le rapport Meadows[9], remis au Club de Rome à l'occasion du premier sommet de la Terre de Stockholm (1972), passa totalement inaperçu aux yeux et aux oreilles de l'immense majorité des humains, dont moi-même et le reste de ma famille. Son impact ne dépassait pas un cercle restreint de scientifiques, d'économistes ou de politiques dont beaucoup étaient d'ailleurs critiques envers le rapport.

Il faut dire que cette société traversait, sans le savoir, les derniers moments des Trente Glorieuses, avant que la crise engendrée par la guerre du Kippour de 1973 ne rebatte les cartes de l'énergie bon marché. Bien éloigné de tout sujet climatique, ce premier choc pétrolier n'amènera dans la France d'alors qu'une seule question : comment continuer à se chauffer, consommer et se déplacer sans se ruiner ? Avec une formule choc : « En France on n'a pas de pétrole, mais on a des idées. »

Un mot sur la consommation des années 1970, souvent regardée comme frénétique a posteriori, qui ne l'était pas tant que cela. Un souvenir : j'ai acheté mes deux premiers pulls en magasin à l'âge de vingt ans ; tous mes pulls précédents avaient été tricotés par ma grand-mère, dont celui que je porte sur la photo de mon permis de conduire !

Pour résumer, mes quelques années entre la sortie de l'enfance et l'entrée à l'université ont été plutôt calmes en termes de sensibilisation aux questions environnementales. Finalement, une belle et joyeuse insouciance, très banale à cet âge ; les animaux et l'environnement pesaient moins que les virées à vélo puis en Solex.

Cela était d'autant plus vrai que sur le front climatique, le rafraîchissement de la décennie précédente persistait et qu'aucun signe avant-coureur n'apparaissait à l'horizon. Le fameux Solex me faisait arriver au lycée le matin complètement congelé de début octobre à fin mars, d'autant que le casque n'était pas de mise sur ce vélo amélioré. Les oreilles fraîchissaient très vite ; elles s'en souviennent encore. La neige tombait en abondance chaque hiver. Certes, à Noël 1973, les pentes de la station des Deux-Alpes étaient demeurées herbeuses jusque vers 1 800 mètres d'altitude, interdisant toute descente complète à skis. Mais l'année précédente avait été normalement enneigée et, en février de l'une des années suivantes, la station avait dû être fermée pour excès de neige. J'ai le souvenir vivace d'une mémorable et magnifique descente avec de la poudreuse jusqu'à la ceinture, descente acquise au prix d'une épuisante montée à pied, skis sur le dos faute de télésiège.

Côté biodiversité, je vivais un mélange d'expériences concrètes de fascination heureuse assorties de quelques inquiétudes plus distantes.

Mon naturaliste de père m'initiait depuis quelques années à la découverte des insectes : des coléoptères corsetés dans leurs élytres tantôt noirs, tantôt chatoyant de couleurs improbables, des hémiptères (punaises) polygonales, des orthoptères (sauterelles) dont il fallait éviter la morsure, sans omettre les lépidoptères (papillons). Je me souviens de la capture d'un machaon, joli et gros papillon aux ailes à motif de vitrail, jaunes, ourlées de noir, avec une pointe de bleu et deux petites taches rouge vif à l'arrière. Le bel animal avait fini épinglé et il n'était pas le seul. Traquer des insectes, les capturer puis les enfermer dans un flacon à moitié rempli de copeaux de liège imbibés d'acétate d'éthyle n'était pas alors une atteinte à la biodiversité. Une telle pratique me heurterait aujourd'hui et, d'ailleurs, quand j'initie à mon tour ma petite-fille de cinq ans à ce type de découverte, c'est uniquement avec une loupe. À l'époque, on pouvait même se féliciter d'un tel apprentissage du vivant, en ne voyant aucune contradiction entre la fascination et la destruction, cette dernière n'en étant pas une à nos yeux.

Autre expérience de fascination, moins cruelle celle-là. Au lycée, j'apprenais l'allemand ; allemand première langue car il paraît que c'était mieux. Bref, arrivé en fin de classe de troisième, à l'aube de mes quinze ans, mes parents m'expédient – le mot n'est pas trop fort car ils m'ont installé dans un train en gare de Lyon-Perrache avec deux correspondances à la clef en Allemagne – en direction de la Bavière sur la rive du lac Ammersee, dans la petite ville de Diessen. J'arrive chez un couple de retraités dont j'ai compris bien plus tard que l'homme conservait une trace de nostalgie de la période de la guerre vécue dans la Wehrmacht. Tout ça pour dire que j'étais livré à moi-même, avec un vélo pour seul compagnon. Les deux étés qui suivirent (1970 et 1971) furent par comparaison un enchantement, car j'étais accueilli par une famille attentionnée d'une petite bourgade du Bade-Wurtemberg auprès d'un garçon de mon âge qui, tristement, succomba quelques années plus tard des suites d'une brutale maladie. Pourquoi évoquer ces trois séjours allemands ? Ils m'ont permis de découvrir des espèces extraordinaires à mes yeux, des espèces que je n'avais jamais vues en France bien que j'en connusse l'existence. À chaque sortie après le repas du soir – qui se prenait particulièrement tôt dans les campagnes allemandes –, on pouvait contempler des chevreuils installés en lisière des bois et bosquets, prêts à s'aventurer sans trop de crainte dans les champs attenants. C'est aussi là que j'ai découvert mon premier renard sauvage. Pourtant les territoires étaient assez peuplés et on y pratiquait la chasse, comme en témoignaient des miradors construits en rondins. Pourquoi la Haute-Loire, bien plus sauvage, ne m'avait-elle jamais offert un tel plaisir ? Sans doute en raison d'une relation au reste du vivant fondée sur plus de respect de l'autre côté du Rhin. En tout cas, cela a été une première prise de conscience de la « biodiversité » avant la lettre. Quel émerveillement !

Vers seize ou dix-sept ans, en vacances dans le petit archipel de Kerkennah en Tunisie, mes yeux ébahis découvraient des champs sous-marins peuplés de *Pinna nobilis*, nom latin de la grande nacre. Il s'agit d'une espèce de mollusque bivalve de très grande taille, endémique de Méditerranée, dont les spécimens atteignent régulièrement 50 centimètres et exceptionnellement un mètre pour les plus grands ; une sorte de très élégante moule géante triangulaire, de couleur beige à brune ! Ces *Pinna nobilis* vivent dans les herbiers ou sur les fonds sableux, la pointe du triangle plantée verticalement dans le sédiment. À l'époque, elles donnaient l'impression de pulluler et elles étaient mangées, utilisées comme assiettes ou bien pour confectionner des abat-jour d'un style discutable. Depuis 2016, elles sont victimes d'un parasite microscopique qui décime leurs populations (jusqu'à 99 % de mortalité) et dont on ne sait si sa virulence a été amplifiée par un facteur naturel ou imputable à l'homme.

À l'inverse de mes émerveillements devant les grandes nacres, les renards ou les chevreuils, je commençais à être informé du déclin de la grande faune africaine et de ses espèces emblématiques. Toutefois, nous n'étions pas au même niveau qu'aujourd'hui, loin de là. Ainsi, en 1970, la population des éléphants d'Afrique atteignait encore le million, contre un peu plus de 400 000 aujourd'hui et ce malgré tous les efforts de protection mis en place depuis. Il y a cinquante ans, c'était un peu le grand écart entre les livres glorifiant les trappeurs et les alertes parfois vives lancées par les médias. Je me souviens des images tournées par Frédéric Rossif dans la série documentaire *L'Apocalypse des animaux* (1972) ou de celles, plus violentes et moins contemplatives, de la beauté du monde sauvage dans *La Griffe et la Dent*, film de François Bel et Gérard Vienne (1976). Quelle beauté, mais quelle fragilité aussi ! *Homo sapiens* était déjà clairement montré du doigt, sans pour autant que cela influe sur nos comportements.

Le lien entre ces constats et nos actions de la vie quotidienne n'était pas fait. Pourtant, les musées d'histoire naturelle s'y mettaient aussi.

1970 : un jour férié, sans doute le 1er mai où, à l'époque, tout s'arrêtait : bus, cinémas, commerces... C'est l'après-midi et, comme tout le reste, le musée d'histoire naturelle de Lyon est fermé. C'est le musée que tous les Lyonnais appellent « musée Guimet » car il est installé dans un bâtiment construit à l'identique de celui de Paris par l'amateur des arts asiatiques, Émile Guimet, d'origine lyonnaise. Toute notre famille s'active dans une aile latérale de la grande salle où trônent le squelette de la baleine bleue, le mammouth découvert sur les pentes de la colline de Fourvière ou le squelette d'une rhytine de Steller, mammifère marin exterminé aux alentours de 1765. Mais que fait-on là ?

Mon naturaliste de père avait la charge, depuis six ans, de diriger le musée d'histoire naturelle de Lyon. Ancêtre de celui des Confluences qui déploie ses formes futuristes là où Rhône et Saône se rejoignent, il était certes un beau musée, mais avec des moyens très modestes, et le faire vivre demandait un fort investissement personnel et même familial. Nous étions seuls dans cette grande nef pour installer les vitrines de la future exposition consacrée à l'environnement. Une drôle d'idée en ce début de décennie, quelques mois avant que Robert Poujade ne devienne, en janvier 1971, le premier ministre en charge de la Protection de la nature et de l'environnement. Les vitrines évoquaient la pollution, tous les types de pollution, mais également le déclin des espèces, les pressions qu'elles subissaient. Quoi qu'il en soit, nous installions en famille et de manière artisanale objets et panneaux explicatifs. Vers la fin du parcours, un dispositif avait plus spécialement retenu mon attention. Un cube de bois clair d'un mètre de haut surmonté d'une indication invitant le visiteur à se pencher. Caché dans le cube, un miroir incliné à 45° renvoyait l'image du curieux accompagnée de l'accusation : « Voici le coupable » ! Un truc qui paraît banal, voire simplet, à nos yeux des années 2020, mais qui constituait une interpellation très inhabituelle pour l'époque. Quitte à passer pour un grand naïf, je concède avoir été surpris sur l'instant, au moins sur l'instant, et ce moment s'est imprimé dans mon subconscient écologique.

En Méditerranée, impossible de ne pas avoir entendu parler du scandale des « boues rouges ». L'usine italienne Montedison, installée à Livourne sur la côte de Toscane, produit des dioxydes de titane et de vanadium qui entrent dans la fabrication de la peinture. Pas question de station de traitement des quelques milliers de tonnes de déchets quotidiens, qui induirait une forte augmentation des coûts de production. La solution rentable est donc de transporter ces déchets au large dans des bateaux-citernes pour les déverser en mer où les courants les entraînent en direction du Cap Corse. En 1972, le scandale soulève l'indignation de l'opinion publique française, et pas seulement en Corse ; il est d'ampleur et il me révolte car je ne comprends pas cet aveuglement, cette obstination industrielle. En 1973, un bateau-citerne est plastiqué. La Montedison refuse de changer ses pratiques, se contentant de se débarrasser des boues toxiques en profondeur, à l'abri des regards, une pratique inspirée de celle des usines Pechiney de Gardanne, en France, qui avaient construit une longue canalisation débouchant en profondeur dans le canyon de Cassidaigne et le transformant en une gigantesque décharge chimique au droit du futur parc national des Calanques. Dès les années 1960, le médecin navigateur Alain Bombard s'insurgea. Cousteau resta plus mesuré, déclarant que les rejets étaient inoffensifs pour l'environnement car immobilisés par grande profondeur. On découvrira qu'il se trompait et, surtout, qu'il partageait des intérêts avec Pechiney.

Pendant ce temps, dans le Velay et en bien d'autres endroits, les décharges publiques continuaient à engraisser et les égouts à se déverser dans les cours d'eau ou dans la mer. Ma prise de conscience tournait plutôt au ralenti car, hormis ces atteintes dues à la pollution et le constat que certaines espèces comme les renards et les chevreuils n'étaient pas au rendez-vous, le monde, avec ses bons comme ses mauvais côtés, m'apparaissait stable.

À l'université
(fin des années 1970)

1974 : l'année de mes vingt ans. Le 2 avril, le président de la République, Georges Pompidou, meurt. L'intérim est assuré par le président du Sénat et des élections présidentielles sont organisées. Je n'ai pas le droit de vote, la majorité étant alors fixée à vingt et un ans, mais pour la première fois j'observe la machine politique. Un jeune candidat, Valéry Giscard d'Estaing, aura la faveur des suffrages. Mais ce n'est pas lui qui m'intéresse. Parmi les douze candidats, un homme intrigue. Il a soixante-dix ans, des cheveux blancs, des lunettes à grosse monture et un pull rouge, toujours un pull rouge. René Dumont, ingénieur agronome en retraite, est le premier candidat écologiste de l'histoire de France. Il passe pour un original, une sorte d'hurluberlu prophète de la fin du monde, plutôt inoffensif et même amusant. Il rassemblera 1,32 % des votes.

René Dumont a fait toute sa carrière académique à l'Institut national d'agronomie, après avoir été quelque temps responsable d'une station agricole dans les rizières du Vietnam. Très tôt, il s'est engagé politiquement, jusqu'à participer à un ministère du Front populaire, puis au plan Jean Monnet après la guerre. Il prône un changement de modèle économique, défend la décroissance démographique et fustige les politiques natalistes de l'après-guerre qu'il qualifie de « lapinisme irresponsable » ; il regrette la prolifération des animaux de compagnie, il critique notre alimentation surabondante, notre société de consommation, il dénonce la surpêche, les gabegies d'énergie et la prolifération des automobiles. Surtout, dès les années 1930, il écrit des livres dans lesquels il reprend ses thèmes favoris, argumentant en faveur d'une meilleure répartition des ressources entre les pays du Nord et du Sud, allant jusqu'à envisager l'éventualité du changement climatique. Je ne crois pas qu'un autre ait été aussi visionnaire sur autant de sujets et, finalement, aussi tôt. Je me rappelle l'avoir écouté. Sa candidature m'a marqué, sans doute car le discours était véhément, mais elle l'a plus fait par son caractère atypique, hors des règles du jeu et des débats de l'époque, que par le message véhiculé.

La pollution occupe encore et toujours la première place des préoccupations environnementales, du moins pour celles et ceux qui y attachent de l'importance. J'y suis de plus en plus sensible, d'autant que plusieurs événements d'ampleur fort différente vont me marquer, et je ne serai pas le seul.

Juillet 1976 en Italie du Nord, à Seveso. Un réacteur chimique casse dans une usine de la société Givaudan, une filiale du groupe Hoffmann-La Roche. Un nuage toxique s'échappe. Il contient un agent extrêmement puissant, la dioxine, qui touche la faune et la flore : plus de 3 000 petits animaux domestiques meurent, une quinzaine d'enfants sont hospitalisés dans un état grave. L'usine reconnaît la nature de son « crime », c'est-à-dire la présence de dioxine, mais seulement dix jours après la fuite. Les conséquences sanitaires pour la population s'étireront sur le long terme.

Mars 1978. La Bretagne est touchée par la pire catastrophe écologique qu'ait connue l'Europe. Un pétrolier de 223 000 tonnes perd son gouvernail et vient se briser à deux kilomètres des côtes du Finistère Nord. La tragédie de l'*Amoco Cadiz* commence. Sur plus de 300 kilomètres, les plages et les rochers sont enrobés à chaque marée montante par un mazout noir et gluant. Les algues sont ravagées, des dizaines de milliers d'animaux périssent, dont plus de 20 000 oiseaux, selon la Ligue de protection des oiseaux. Biodiversité et pollution se rejoignent dans une étreinte mortelle. Tout Français adulte ayant vécu ce moment en a gardé un souvenir amer. On peut dire que cette marée noire marque le début d'une vaste prise de conscience nationale vis-à-vis de la pollution et de la vulnérabilité des écosystèmes. Après le scandale des boues rouges de la Montedison, elle signe aussi le début des grands procès intentés à de puissants groupes industriels pour dommages écologiques. Onze ans après le *Torrey Canyon*, plus adulte et plus sensibilisé, j'ai non seulement été profondément meurtri par l'événement lui-même, mais aussi outré par ses suites judiciaires qui s'étendront sur quatorze ans, sans être surpris par les obstacles placés par des avocats du pétrolier sur la route des représentants des communes sinistrées.

Plus personnel, cette fois. Je suis à l'université, en sciences de la Terre. Ce cursus est riche de stages de terrain et d'excursions diverses. La géologie pétrolière représente alors un débouché majeur pour les étudiants que nous sommes et, sur l'itinéraire d'une de ces excursions, l'un de nos enseignants a obtenu la possibilité de visiter la raffinerie Esso implantée à Fos-sur-Mer depuis une dizaine d'années : un véritable privilège. La visite se termine dans le bureau spacieux du directeur ou du sous-directeur qui domine la raffinerie. Notre hôte décrit les installations, nous donne les chiffres de sa production et nous sentons bien toute la puissance du pétrolier Exxon. Lorsqu'arrive le moment de poser des questions, je me souviens très clairement qu'au deuxième ou troisième rang de notre groupe, je demande :

« Mais avec toutes ces torchères, ces cheminées qui fument, comment traitez-vous la question de la pollution de l'air ? » La réponse arrive, implacable : « Il n'y a pas de problème de pollution, nous avons le mistral ! » Cet échange me restera toujours en mémoire, non pas tant pour sa tonalité insolite, pour ne pas dire stupide, mais surtout pour ce qu'elle disait du mépris, du refus absolu de prendre en compte une atteinte à l'environnement. Ce n'était pas de la naïveté, mais une forme de négationnisme écologique. Une attitude qui donne la mesure du niveau de prise de conscience environnementale des industries et de leurs ingénieurs de l'époque.

La question de la pollution commençait vraiment à m'incommoder et à me chatouiller. Deux épisodes témoignent de cette démangeaison.

Le premier est une blague de potaches. En juillet 1976, détendus et joyeux après nos examens de maîtrise (master 1 aujourd'hui), nous formons une petite bande qui décide de passer quelques jours en Ardèche dans une sorte de vieille ferme. Les touristes profitent d'un petit affluent de l'Ardèche pour se détendre et se rafraîchir. Nous portons, je ne sais plus pourquoi, nos blouses blanches de travaux pratiques ; nous fouinons dans la ferme et ses annexes, débusquons un chargeur de batterie, quelques câbles, un ou deux récipients en verre. Nous voici parés. Nous nous rendons au bord de la rivière et faisons mine de réaliser des prélèvements, des analyses. Les touristes nous interrogent, nous les rassurons : leur rivière n'est pas polluée. La morale de cette petite fable authentique est double. D'une part, il est facile de manipuler des gens en tirant avantage de leur crédulité ; c'est toujours valable aujourd'hui, amplifié par les réseaux sociaux, et c'est bien triste. D'autre part, la question de la pollution et de ses implications sur la santé hantait déjà le subconscient des Français de l'époque.

Le second épisode est un peu plus sérieux. Je crois qu'il date aussi de 1976, sans en être totalement certain à un ou deux ans près. Un organisme, probablement le ministère en charge de l'environnement, avait lancé un grand concours de dessin pour réaliser une affiche intitulée « Gardons la France propre ». Avec un ami d'enfance et de lycée, nous partagions une vraie attirance pour le dessin, une pratique que nous avions poursuivie après notre année de terminale. Nous nous lançons alors dans une œuvre à quatre mains, au pastel, représentant la silhouette d'une France émergeant péniblement d'une décharge hétéroclite avec cartons, squelette de parapluie, bidons divers, etc[10]. Notre œuvre n'a pas été récompensée, ce qui aurait été totalement injustifié d'ailleurs. Là encore, ce qui nous avait inspiré était la pollution, la pollution sauvage.

Pendant que j'évoque les décharges... Quelques années plus tard, à l'été 1979, je profitais des travaux de construction de la ligne de TGV Lyon-Paris pour faire des relevés géologiques utiles à ma thèse. Je traquais précisément des niveaux du Crétacé inférieur qui sont rarement visibles à l'affleurement dans le bassin de Paris, et les tranchées du TGV étaient bienvenues. Il n'y avait pas qu'elles et j'avais saisi l'opportunité d'aller jeter un œil dans l'ancienne carrière de Venoy qui accueillait, en toute légalité et transparence, la décharge de la ville d'Auxerre. J'en conserve un souvenir visuel et olfactif percutant car tout était empilé à l'air libre pour le plus grand bonheur des corvidés. Des villes moyennes comme Auxerre ou de bien plus grandes comme Marseille ne jugeaient pas encore utile de disposer de décharges mieux gérées que de simples entassements.

Si vous pensez que je focalise trop mes propos sur la pollution, c'est un regard du XXIe siècle. Quarante ans en arrière, c'était mon sujet de préoccupation environnementale, même si, pour être tout à fait honnête, d'autres signaux commençaient de m'alerter.

Le premier concernait la surexploitation des ressources, en particulier celles des forêts et, de manière plus nuancée, celles des poissons de l'océan. Les images qui nous parvenaient de la déforestation dans les zones tropicales, comme celles de navires de plus en plus gros, ne pouvaient que nous rendre un peu perplexes.

Un autre signal plus net, plus précis, est venu de mes cours de géologie lorsqu'un professeur, fort de son expérience de conseiller en génie civil, nous parla d'erreurs environnementales. Celle dont je me souviens le mieux prenait place dans la basse vallée du Var, à proximité de Nice. Le maraîchage à grande échelle implanté dans la vallée puisait sans compter dans l'aquifère du Var pour irriguer les cultures. Les prélèvements ayant dépassé l'alimentation de la nappe, celle-ci avait commencé à n'être accessible qu'à des profondeurs plus importantes, avant de reculer vers l'amont. Or, comme il est bien connu que la nature a horreur du vide, c'étaient les eaux de la Méditerranée toute proche qui avaient pris la place des eaux douces. Les puits fournissaient une eau saumâtre, au détriment des salades, tomates et courgettes, mettant les horticulteurs en grande difficulté.

Je n'ai pas encore évoqué le climat. Au risque de me répéter, ce n'était toujours pas un sujet d'inquiétude, même dans ma sphère d'étudiant en sciences. La plupart des indicateurs climatiques plaçaient le thermostat sur « plutôt frisquet ».

En mai 1975, ma promotion part pour un camp de terrain de cartographie géologique dans le petit village d'Évosges, 700 mètres d'altitude, niché au sud du Jura, dans le Bugey. Le lendemain de notre arrivée, le temps est splendide, tout va pour le mieux. Le surlendemain, la neige arrive sans prévenir, recouvre tout ; impossible d'observer les affleurements. Après deux jours d'attente, la situation ne s'améliore pas et nous redescendons à Lyon. Nous reviendrons un mois plus tard.

Les hivers se succèdent avec, à chaque fois, des vagues de froid. En 1978, on fait du ski à Paris, il neige à Marseille et des épisodes neigeux se poursuivront jusqu'en avril et, ce, jusque dans le Vaucluse. Le 1er janvier 1979, il fait – 11 °C à Paris et on verra 80 centimètres de neige dans la Beauce quelques jours plus tard ; l'armée déblaye les routes. On relève une température de – 19 °C à Caen.

Bien sûr, il y a eu la sécheresse de l'été 1976 qui sert aujourd'hui de référence, sorte de coup de semonce que nous aurions dû, paraît-il, percevoir comme tel. Depuis quelques années, on a tendance à s'imaginer que l'épisode de 1976 s'inscrivait dans une période de réchauffement que nous aurions négligée, ignorée, aveuglés que nous étions par l'envie de consommer toujours plus. La réalité est tout autre, car l'été 1976 fut une véritable exception dans le panorama de cette fin des années 1970. Aujourd'hui, on se réfère à 1976, mais pourquoi pas à 1975, avec des gelées blanches en plaine début juin et 15 °C à Paris en juillet ? Pourquoi pas à 1977, avec un printemps enneigé jusque dans le Midi, un été froid et humide au cours duquel la température n'atteindra pas un seul jour les 30 °C à Paris, avec des trombes d'eau froide dans maintes régions ? On pourrait aussi parler de 1978 ou 1979 et de leurs étés pourris. Qui évoque l'épouvantable mois de mars 1978 avec d'interminables journées de pluie, des moments que j'ai vécus, nouvellement arrivé en Bourgogne ? Qui se rappelle l'été 1979 avec un mois d'août exécrable sur la moitié nord du pays et un 25 août mémorable qui voit la neige arriver sur les massifs des Vosges et du Jura[11] ? Des événements de la même période qui, eux aussi, sont restés gravés avec plus ou moins de vigueur dans ma mémoire, reléguant l'épisode de 1976 au rang d'anomalie curieuse.

En cette fin de décennie, mes années universitaires commencées à Lyon s'achèvent à Dijon.

Les copains me préviennent : « En janvier ou février, attends-toi à avoir une grosse quinzaine de jours de givre dans le brouillard à – 15 °C le matin ! » Ils n'avaient pas tort et j'ai pu constater que le pare-brise de ma 2CV pouvait givrer à l'intérieur avant que son chauffage rudimentaire ne fasse laborieusement effet.

Tout cela mis bout à bout fait que le bilan des années 1970 ressemble à celui de la décennie précédente. La pollution est la préoccupation environnementale majeure, pour ne pas dire unique. Ensuite, viennent les questions de la surexploitation des ressources, de l'usage des sols. Le climat n'est toujours pas au menu car les hivers sont longs, les printemps maussades et les étés plus souvent humides et frais que secs et chauds. On pouvait parfois aussi constater des événements un peu exceptionnels et « inversés », comme l'illustre l'année 1975. L'hiver fut très doux (janvier) avant un départ en vacances de Pâques sous une neige qui persista jusqu'en avril dans des régions de plaine. Cela sera suivi par un début d'été automnal avant une canicule en août ; canicule relative car ne dépassant pas 38 °C, ce qui aurait tendance à nous faire sourire aujourd'hui. La neige fera son retour à basse altitude en Lorraine le 10 octobre. Je suis en train d'écrire ces lignes en octobre 2022 alors que la météo nous annonce une vague de chaleur allant jusqu'à 30 °C dans le sud de la France et 25 °C dans le Nord, et personne de nos jours n'imaginerait une seule seconde qu'il puisse neiger, même en Lorraine. Au début de la décennie 1980, il neigera également en octobre à Orléans. La confrontation des époques donne une mesure du changement, hélas !

À titre personnel, l'évolution de ma prise de conscience accompagne mon approche de l'âge adulte, renforcée par le fait que mon parcours universitaire me forge une pensée naturaliste – et donc environnementale – de plus en plus charpentée. En termes simples, et contrairement à la décennie précédente, je suis désormais à l'écoute et réceptif, et puis j'ai troqué le Solex pour une 2CV ! Quel luxe pour mes oreilles !

Jeune chercheur et nouveau père de famille

(années 1980)

Avec ce chapitre, pour innover, je vais commencer par le climat mais, pour ne pas trop changer quand même, par des hivers plutôt froids, ce qui est un euphémisme. Ce sont bien eux qui sont la trame de mes souvenirs, et non des étés trop chauds.

Vous avez l'impression que je rabâche ? Vous n'avez pas tort, mais l'idée n'est pas de vous ennuyer avec des répétitions sur le climat de la fin du XXe siècle. Si j'insiste, c'est pour vous plonger dans l'ambiance d'une succession de saisons et d'années où il était impossible de ressentir, ni même d'imaginer le réchauffement climatique. Seule une poignée de modélisateurs, experts du climat, commençait à en avoir le pressentiment[12]. Démonstration par l'exemple…

Les hivers d'abord, avec deux expériences vécues. Début 1985, à Dijon. Je relève chaque jour la température sur le balcon de notre appartement, un balcon abrité et orienté vers l'ouest. De matin en matin il fait de plus en plus froid. Le thermomètre finit par afficher – 22 °C[13] ! Je souligne que nous sommes en ville et que le thermomètre est contre le mur d'un immeuble chauffé. Je vous certifie que je me souviens de ce chiffre comme s'il datait de quelques jours, tellement il m'a stupéfié. Ce janvier-là, on a pu patiner sur le lac Kir à la sortie de la ville.

Une année plus tard, je pars en Normandie avec un collègue de l'université. Nous devons retrouver à Luc-sur-Mer deux autres scientifiques venus de l'Université libre de Bruxelles. L'objet de la mission est de récolter des *Echinocardium*, autrement dit des oursins qui vivent enfouis à une dizaine de centimètres de profondeur dans le sable de la plage, ce qui fait qu'hormis quelques scientifiques farfelus, personnes ne se rend compte de leur existence. La recette pour les récolter est très simple. À marée basse, vous parcourez l'estran dénudé à la recherche de petits entonnoirs laissés par ces oursins à la surface du sable ; il faut avoir l'œil, comme pour les champignons. Vous plantez votre bêche à proximité du petit orifice, vous soulevez le sable, l'oursin vient avec et le tour est joué. Sauf que… Il faisait tellement froid sur la côte normande en 1986 que l'eau salée commençait à former une purée gelée dans les vagues et que le sable exposé à l'air et au vent était pris en glace. Récolte impossible. Le lendemain, nous repartons, les uns vers la Belgique, les autres vers la Bourgogne.

Quant aux printemps, ils étaient toujours humides et, à l'occasion d'une visite à Lyon chez nos parents, c'était en mai, j'ai l'image, entre Chalon-sur-Saône et Mâcon, de la plaine totalement envahie par les eaux de la Saône, l'autoroute s'apparentant par endroit à une digue et les insectes s'accumulant sur le pare-brise, une évocation reprise à foison par tous les médias depuis quelques années. Au-delà de ce cliché, il demeure que les souvenirs sont sélectifs : il y a ce qui reste, qui est même quelquefois amplifié, et ce qui s'oublie. Tout cela fait que l'image renvoyée par la mémoire est forcément biaisée et qu'il convient de la confronter au réel pour la consolider en se référant à des données validées officiellement. J'ai donc consulté, pour la décennie, les relevés de la station de Dijon-Longvic[14]. Ils indiquent qu'il tombait, en moyenne, 800 millimètres d'eau par an sur la capitale de la Bourgogne, 1980 étant l'année la plus sèche (581 mm) et 1981 la plus humide (975 mm). La même source précise que les mois du printemps, d'avril à mai, ont été les plus arrosés au fil de huit années consécutives, de 1982 à 1989. Mon impression de printemps humides n'était donc pas usurpée.

Pour ce qui est des étés, faute de souvenir direct, j'ai consulté les photos de famille et je me suis penché sur le site des archives météorologiques précédemment évoqué[15]. Côté famille, je note les abondantes récoltes de champignons, des girolles, qui prospéraient au mois d'août dans le Massif central. Il devait donc pleuvoir en été. Du côté des Alpes, tout tenait en une formule : « Après le 15 août, l'été est fini. » Nous passions chaque année avec les enfants une dizaine de jours dans l'Oisans et nous évitions soigneusement la seconde quinzaine d'août car le dicton avait un fond de vérité, au moins au sens statistique. Du côté des statistiques, en effet, l'été 1980 est le quatrième de rang très (trop) humide. Dans la capitale, le défilé du 14 Juillet se déroule sous des trombes d'eau et ce mois est le moins ensoleillé depuis 1933 (à Paris). Fin juillet, des gelées blanches sont observées dans les plaines de l'Est. Pour mon anniversaire, en septembre, la Loire se déchaîne et une inondation jamais vue auparavant envahit le village de mon enfance. La cave se remplit d'eau et le jardin est recouvert par la rivière qui dépose des arbres énormes, des déchets fort encombrants comme quelques barils métalliques usagés. Il faudra des mois pour tout nettoyer. Impossible alors de voir là les prémices d'un dérèglement du climat, sauf à l'interpréter comme un refroidissement. L'année suivante, en juin 1981, le présentateur météo d'Antenne 2 énumère les records de froid. Toutefois, rien n'est simple puisque ce sont des vagues de chaleur qui caractérisent les étés 1982 et 1983, les températures dépassant localement les 40 °C pendant de courtes périodes. Je me souviens par contre de juillet 1984, et pour cause. Le mercredi 11 juillet, je passe le début d'après-midi chez des amis. Ma Citroën GS est garée dans la rue adjacente (vous commencez à tout savoir, ou presque, de mes véhicules). Le ciel se noircit et un orage déverse des grêlons de la taille de petits œufs sur la ville. Notre pauvre voiture est un champ de bosses. Une tempête a traversé le nord-est du pays, se transformant en tornade dans les Vosges où les dégâts sont considérables. Les prémices de ce qui nous arrive aujourd'hui ?

Ce sont ces types d'alternances et d'oscillations entre des vagues de froid inattendues et des pics de chaleur qui conduisaient mon grand-père, qui en avait pourtant vu beaucoup d'autres, à énoncer : « Avec toutes leurs fusées, ils vont finir par nous dérégler le climat. » Une manière bien à lui, car il en était convaincu, de mettre une cause derrière la sempiternelle formule « Il n'y a plus de saisons ». Il n'avait pas totalement tort, sauf que ce n'était pas le passage des fusées qui déréglait l'atmosphère, mais celui des voitures et des camions qui circulaient juste devant sa maison. Avec le recul, on pourrait sans doute dire maintenant que ces oscillations étaient un signe avant-coureur, un avant-goût du dérèglement à venir, sans qu'on le sache encore. Il faut dire que le GIEC[16] n'existait pas. Il naîtra en 1988 et son premier rapport date de 1990. Ce rapport affirme qu'il existe un effet de serre éventuellement dû aux activités humaines et que cet effet de serre rend la Terre plus chaude que ce qu'elle aurait été sans lui. Il est écrit que ce processus de réchauffement impactera les siècles à venir et que l'accroissement de la température moyenne pourrait atteindre 3 °C d'ici 2100. Toutefois, le rapport précise que l'ampleur du réchauffement constaté est « du même ordre de grandeur que la variabilité naturelle du climat » et, qu'il conviendra d'attendre « au moins dix ans avant que des observations nous permettent d'établir de façon certaine qu'il y a eu un renforcement de l'effet de serre ». La biosphère n'est pas oubliée et le rapport souligne que ces changements rapides du climat affecteront le fonctionnement des écosystèmes. Tout est dit et présenté sous le prisme de quatre scénarios, désormais classiques, allant du « business as usual » à des actions de contrôle plus déterminées. On constate néanmoins que les termes sont pesés et que la prudence est de mise ; les scientifiques du GIEC de 1990 affichent clairement et avec raison leurs résultats et leurs incertitudes. Cette posture responsable ouvre en grand la porte aux critiques et aux groupes de pression, à l'instar de la Global Climate Coalition, haut-parleur des groupes pétroliers, qui dépense des millions de dollars dans des campagnes de désinformation et de promotion du doute. Pourtant ils savaient. Nous avons appris par voie de presse, début 2023[17], que les cartels pétroliers disposaient, dès les années 1970-80, de modèles qui avaient prédit avec une belle exactitude l'ampleur du processus du changement climatique ; mieux que les scientifiques, qui disposaient alors de moins de données. Une hypocrisie assumée au service d'intérêts financiers gigantesques.

Voilà pour le climat, pour lequel même le GIEC évitait les affirmations péremptoires en n'écartant pas la possibilité que le processus soit naturel. Comment, alors, des citoyens ordinaires pouvaient-ils y être sensibilisés ?

En va-t-il différemment pour la pollution ?

Dans ces années 1980, les agressions environnementales dues à la pollution sont partout car les comportements individuels comme collectifs n'ont pas véritablement évolué et ce, bien que nos poubelles contiennent de plus en plus de plastiques douteux, sans en être au niveau d'aujourd'hui.

Une petite histoire édifiante. Au tout début de la décennie, j'embarque à Brest pour trois semaines d'exploration scientifique à bord du N/O *Jean Charcot*, navire océanographique de l'Ifremer. Nous partons en pleine période des tempêtes de l'équinoxe d'automne pour un secteur de l'Atlantique dénommé la terrasse de Meriadzec : un immense replat installé à 1 000 mètres de profondeur, sur le rebord nord de la plaine abyssale du golfe de Gascogne, à environ 500 kilomètres au large de Brest. Les journées venteuses de forte houle laissent peu de place aux éclaircies et le commandant doit régulièrement mettre le navire de 70 mètres à la cape, s'orientant face au vent, car il serait trop risqué d'envoyer une drague ou un carottier à l'eau. Toutefois, ces conditions n'ont rien d'exceptionnel et le plus étrange n'est pas là, mais dans un des usages du bord. Cet usage consiste à se débarrasser des ordures en les passant tout simplement par-dessus bord. Vous avez bien lu ! Sur un navire scientifique affrété pour étudier l'océan, le contenu des poubelles suivait un chemin similaire à celui emprunté en Haute-Loire par celles de mon grand-père, quinze ou vingt ans auparavant. Je m'en indignais, je m'en indignais beaucoup, sans en être si surpris que cela, tant la prise de conscience environnementale des marins comme des terriens était lente à venir.

À propos de pollution en mer : à la toute fin de la décennie, en 1989, survient comme un sinistre signal récurrent la marée noire de l'*Exxon Valdez* qui s'échoue sur les côtes de l'Alaska. Bien qu'elle ait eu lieu très loin de chez nous, elle réveille de tristes souvenirs chez les Bretons et bien d'autres Français. On se dit que l'on n'en aura jamais fini avec ces catastrophes majeures. La suite nous donnera, hélas, raison.

Pollution et biodiversité font rarement bon ménage, et pas seulement du fait des marées noires. Dans la Seine, les poissons se font discrets et seules subsistent quelques espèces capables de résister aux agressions chimiques. Une dizaine, au plus. Devant ce constat, Jacques Chirac, alors maire de Paris, promettait en 1988 qu'il se baignerait dans la Seine d'ici quelques années. Bien qu'il ne le fît jamais et que ce ne soit toujours pas possible, force est de constater que de nombreuses espèces piscicoles ont fait leur retour dans ce fleuve, à l'image des ablettes qui l'avaient délaissé pendant plus de quarante ans ; on estime que la richesse spécifique des poissons a doublé en trente ans, en incluant l'apport de plusieurs espèces exotiques. D'une manière générale, l'état écologique des rivières françaises s'est amélioré, on ne peut que s'en féliciter.

Si l'on s'intéresse aux populations sauvages, on observe que, dans ces années 1980, les oiseaux sont toujours bien diversifiés et abondants, y compris dans les espaces urbains. À Dijon, nous habitons alors un appartement en étage qui donne sur un petit parc et j'y observe avec mes fils les habituelles mésanges et rouges-gorges ainsi que des sitelles torchepot qui descendent tête en bas le long du tronc des érables. Nous nous en réjouissons, néanmoins, la prise de conscience d'une biosphère en tension commence à irriguer la société. Sur le plan scientifique, les années 1980 seront par la suite souvent prises comme référence initiale, temps zéro (t.0), des suivis de populations effectués par le Muséum, la Ligue de protection des oiseaux et bien d'autres[18]. Les chercheurs savaient déjà qu'il fallait disposer de « thermomètres » fiables pour dessiner des tendances, documenter l'érosion des populations. C'est grâce à leurs suivis, basés sur des protocoles rigoureux, que l'on peut affirmer aujourd'hui que les populations d'oiseaux des plaines agricoles ont décliné de 40 % en trente ans. Pour ma part, et bien que ce soit une observation isolée peu fiable, je signale que je n'ai pas revu de sitelle torchepot en ville depuis des années. J'espère que ce sont mes yeux qui ont perdu de leur acuité.

Pollution encore. Le pire scénario, le pire pour les populations humaines, a probablement été l'incendie de l'usine Union Carbide en 1984. Sur le site de Bhopal en Inde, cette usine produit des insecticides. Depuis quelques années, la demande décline et il faut réduire les coûts. Des personnels peu qualifiés et surtout moins chers remplacent les plus qualifiés. Les mesures d'entretien sont retardées… Le 2 décembre, une cuve remplie d'isocyanate de méthyle explose. Un nuage s'échappe, Union Carbide refuse de révéler aux autorités la composition du nuage. Le poison agricole démontre tout son potentiel nocif en faisant 3 000 morts en quelques heures, auxquels s'ajouteront plus de 15 000 décès supplémentaires dans les mois qui suivirent. Dire que c'est ce que nous mettons à plus petite dose dans nos champs… Je m'en souviendrai toujours.

Bilan : au cours de la décennie 1980, ma prise de conscience environnementale personnelle est de plus en plus affirmée. Je peux dire, en toute honnêteté, qu'elle est totale, depuis de nombreuses années déjà, sur les sujets de pollution ; qu'elle est forte sur tout ce qui touche aux emprises, et encore plus sur ce qui relève des atteintes directes au vivant. Les symptômes sont là et ils sont visibles pour qui ouvre les yeux. Toutefois, on ne parle pas de « biodiversité », le vocable n'étant pas encore sorti de l'ombre, mais d'espèces, d'écosystèmes, de biosphère. Peu importe les termes, me direz-vous, quoique…

Une période de transition où les nuages s'amoncellent
(années 1990)

Malgré des débuts timides à la fin des années 1980, le terme « biodiversité » émerge et touche, suscitant une forme d'émotion, lorsqu'il est mis en avant lors du premier sommet de la Terre à Rio de Janeiro, en 1992. Il y rencontre un franc succès qui ne se démentira pas et « biodiversité » deviendra le porte-étendard des conséquences néfastes des activités anthropiques sur le vivant. Signe des temps et d'une évolution, au moins partielle et encore bien lente, des sociétés. Son utilisation sera quelquefois chaotique, imprécise, exagérée, mais au final très utile car les atteintes au vivant vont persister, fruit d'un aveuglement coupable.

La décennie 90, que je qualifie de période de transition, est riche de signes avant-coureurs que les *Homo sapiens* occidentaux, anesthésiés par un optimisme bien enraciné, s'empressent de mettre aux oubliettes de l'histoire. Pourtant, avec un petit effort de mémoire, on finit par s'exclamer : « Ah oui, c'est vrai, j'avais oublié ! » Petite énumération rapide pour nous la rafraîchir, cette mémoire.

Le trou d'ozone[19] qui déchirait la stratosphère et faisait planer le risque d'un bombardement de rayonnements ultraviolets générateurs de cancers. Il était loin, aux confins de l'hémisphère Sud, puis dans l'Arctique, mais 10 % de la surface de la planète étaient concernés et cela devenait préoccupant au point que nous allions mettre un terme à nos usages du fréon et autres chlorofluorocarbures (CFC). La pollution était à l'origine du problème. Heureusement pour nous, le processus était réversible et les mesures prises se sont révélées efficaces puisque le trou commence doucement à se refermer. Si l'effort est maintenu, la situation redeviendra normale entre 2030 et 2060, selon les régions. Au passage, cette chronologie nous donne à réfléchir sur notre capacité à enclencher des changements majeurs et, surtout, sur l'inertie des équilibres que nous perturbons et qui mettent des dizaines d'années à revenir à leur état initial.

La crise de la vache folle, exportée par les Anglais, éclate au grand jour en 1996 lorsque le lien est fait entre la maladie qui touche les bovins et celle à laquelle des humains succombent. Avouons que nourrir des bovins herbivores avec des déchets carnés, il fallait oser. Eh bien, ils l'ont fait, engendrant une maladie dégénérative du système nerveux, l'encéphalopathie spongiforme bovine, qui conduira à l'abattage de près de deux cent mille veaux, vaches et bœufs. Surtout, transmise aux humains sous une forme voisine, la maladie de Creutzfeldt-Jakob, ce tripatouillage du vivant fera plus de 200 victimes, la plupart au Royaume-Uni, entraînant une vague de panique justifiée chez les consommateurs européens.

Le Sida avait commencé ses ravages lors de la décennie précédente, mais c'est avec le décès de stars comme Freddie Mercury ou Rudolf

Noureev au début des années 1990 que l'on prend la mesure de l'épidémie. Même si entre la première alerte (1981) et l'identification du virus (1983), il s'était écoulé relativement peu de temps, le nombre de morts allait grimper en flèche année après année pour atteindre un sommet en 1995. L'arrivée des premières trithérapies inverse enfin la tendance à partir de 1996. Au total, le VIH a déjà tué plus de 35 millions d'humains. Dire que ce sournois provient de contacts trop étroits entre des humains et des singes, sans doute des chimpanzés, sources de viande de brousse. Après avoir franchi la barrière d'espèces, le virus s'est ensuite diffusé d'humain à humain. Comme quoi, maintenir promiscuité et pression sur la biodiversité sauvage n'est pas une bonne idée si l'on veut éviter la répétition de ce genre de désagrément.

J'ai failli oublier… la marée noire « traditionnelle ». Cette fois, il s'agit du naufrage de l'*Erika*, au large du Finistère, en décembre 1999. Pas la peine de détailler, vous connaissez.

Ce sont autant de coups de canif de plus en plus douloureux dans le contrat tacite que l'humanité aurait dû passer avec le reste de la planète. La confiance en un futur souhaitable et un avenir équilibré vacille ; l'inquiétude monte. À partir des années 1990, en effet, pour tous ceux ayant un peu de mémoire et un minimum le sens de l'observation, il devient évident que les tensions environnementales s'aggravent.

Poursuivons ce florilège par les atteintes à la biodiversité.

Celle qui m'a le plus marqué, peut-être du fait que je travaillais dans le domaine de la biologie marine, est celle portée à l'encontre des morues des grands bancs de Terre-Neuve. Les tonnages débarqués croissaient année après année[20]. En un siècle, les captures étaient progressivement passées de 100 000 tonnes en 1850 à un peu moins de 300 000 en 1950. Ensuite, les années 1960 avaient marqué une envolée : 500 000 tonnes en 1965 et jusqu'à 800 000 au début des années 1970. Toutefois, au cours de cette décennie, une chute spectaculaire, aussi rapide que la croissance des années 1960, avait ramené les captures à 150 000 tonnes à la fin de la période. Puis, l'optimisme était revenu avec un relatif retour de l'abondance (250 000 tonnes en 1990) et rien ne laissait pressentir l'effondrement, et le mot est faible, qui allait survenir. Personne ne semblait avoir mis en relation la hausse des captures avec l'accroissement démesuré des efforts de pêche et des moyens technologiques mobilisés qui permettaient de racler le fond du pot, si vous me permettez cette image. Les leçons que l'on aurait dû tirer de la chute pour suivre l'état des stocks n'avaient pas été apprises. Entre 1990 et 1992, les tonnages tombent quasiment à zéro. Il n'y a plus de morues, elles ne reviendront pas dans les années qui suivent et c'est la stupeur ! Pourtant, avec un minimum de bon sens, la capacité de reproduction des morues aurait pu épargner un tel désastre environnemental, économique et social. Notre cupidité a eu raison de cette poule aux œufs d'or. Attention à ne pas renouveler trop souvent, ni en trop d'endroits, cette malheureuse expérience. Qui illustre comment un écosystème peut, au-delà d'un certain niveau de stress, d'un certain seuil, basculer dans un nouvel équilibre impropre à nous fournir les mêmes services qu'auparavant.

Heureusement, tout le monde n'a pas le même regard sur la biodiversité. Les parcs naturels régionaux développent leurs actions de protection et, en France, cinq nouveaux espaces viennent s'ajouter aux trente-deux précédents. Des initiatives de protection voient le jour, comme la mise en place du réseau européen Natura 2000 qui compte aujourd'hui plus de 27 000 sites (Directive habitats de 1992) ou encore la multiplication des ZNIEFF[21], des zones a priori considérées comme remarquables pour leur biodiversité qui y est inventoriée en détail. En 1991, ces ZNIEFF seront étendues au domaine marin.

Plus modestement, au printemps 1993, la famille avait quitté un appartement devenu trop étroit pour aller habiter une grande maison, construite en 1936, en pierre de la cave au grenier, avec des parquets en chêne, de hautes plinthes en bois et un vaste sous-sol. Comme dans toute maison de cet âge, les interstices entre les lattes des parquets comme sous les plinthes offrent des passages fort appréciés de la petite faune commensale de nos habitations, même urbaines. Des visiteuses du soir avaient pris le pli de venir faire un tour sur le tapis du salon à l'heure où nous étions dans notre canapé. Elles remontaient de leur lieu de résidence, le sous-sol, ou plus vraisemblablement de l'espace de 30 à 40 centimètres de haut qui séparait le plancher du rez-de-chaussée du plafond de la cave, pour venir explorer nos pénates. Ces visiteuses insolites étaient des tégénaires, des araignées brunâtres, assez velues et pouvant surtout atteindre une envergure de cinq centimètres pour les plus grandes femelles. Il m'a fallu pas mal de temps et de patientes explications pour convaincre le reste de la famille qu'elles étaient sympathiques, utiles, inoffensives et qu'il n'était pas nécessaire de les traiter à coups de pantoufle ou de torchon. Certes, pour les plus grosses et les plus audacieuses, je devais trouver une solution rapide permettant de les reconduire saines et sauves au sous-sol ou dans le jardin. Mais au moins, à cette adresse, on ne tuait pas les araignées. Il faut dire que c'était déjà le cas pour les épeires installées dans les arbustes, mais comme celles-là n'avaient jamais eu l'audace de franchir notre seuil, elles étaient tranquilles depuis longtemps. En revanche, pour les scutigères, ces élégants mille-pattes, je n'ai toujours pas convaincu et je m'applique à sauver ceux que je croise.

Pour en revenir à la fameuse pollution qui me turlupine depuis si longtemps, sans doute fait-on quelques progrès en Europe. Les mesures de réduction efficaces amènent une baisse des émissions des polluants atmosphériques : oxydes de soufre (SO_X), monoxyde de carbone (CO), oxydes d'azote (NO_X)... Les stations d'épuration ont rendu les cours d'eau plus sains, comme nous l'avons vu à propos de la Seine. Reste l'agriculture, qui poursuit sa course mortifère à grand renfort d'intrants chimiques, et les « pollutions importées » via des achats ayant généré des atteintes environnementales sur leurs lointains lieux de production, problème dont nous détournons le regard.

Mais revenons à un exemple personnel. Mars 1999, je suis dans l'hémisphère Sud, au large du Pérou, sur le N/O *Atalante* de l'Ifremer. La mission géologique s'attache à mieux connaître la subduction de la plaque tectonique Nazca sous celle de l'Amérique du Sud. Loin en profondeur, un énorme volcan sous-marin se fait lentement dévorer par la subduction. Le processus va prendre quelques millions d'années, mais à chaque « bouchée » avalée, le risque de séisme augmente. Parallèlement à l'objectif géologique principal, le chef de mission a laissé une petite place à des recherches relatives au vivant. Il m'a ainsi offert la possibilité de plonger à 2 500 mètres de profondeur dans le *Nautile*, emblématique sous-marin jaune de l'Ifremer.

Les plongées se sont succédé depuis une dizaine de jours. Mon tour arrive, je suis impatient et excité à l'idée de descendre vers les grands fonds et la vie étrange qui s'y trouve. Le site choisi est celui d'une colline boueuse aplatie de plusieurs kilomètres de circonférence, colline à travers laquelle suintent des fluides hydrothermaux tièdes. Ces fluides apportent des nutriments facilitant l'installation de formes de vie aussi bizarres que des grands vers dont les tubes de plus d'un mètre de haut forment des buissons blancs, des poulpes bleu ciel, des holothuries (concombres de mer) rouge vif qui, élégantes danseuses, nagent au-dessus du fond en déployant des voiles translucides, des oursins mous qui avancent sur des piquants munis de petits sabots porcellanés blancs... Pour un biologiste marin, l'aventure, car c'en est une, est simplement extraordinaire. Et puis, au bout d'une trentaine de minutes passées à m'émerveiller, apparaît dans le faisceau des projecteurs du *Nautile* un seau en plastique beige, couché sur le flanc, muni d'une courte corde attachée à son anse. Cette rencontre me stupéfie. Nous sommes à 2 500 mètres de profondeur, loin au large d'une côte aride, sans grand émissaire fluviatile, sans grande agglomération et pourtant, malgré ces critères qui laissent penser que cet endroit de l'océan est préservé de la folie des hommes, le plastique est là. Ce jour-là, cette minute-là, l'océan m'a hurlé une alerte silencieuse quelque peu désespérée.

Quittons la pollution pour retourner musarder du côté du climat, qui affiche désormais des signaux oscillants. Le premier rapport du GIEC créé en 1988 lançait déjà des signaux d'alerte[22]. Le deuxième rapport, publié en 1995, poursuit sur la même ligne : « Malgré (des) incertitudes, le faisceau d'éléments disponibles suggère qu'il y a une influence perceptible de l'homme sur le climat global. » Cela est fait avec mesure, tout en soulignant un point important : « De plus, le profil vertical du changement observé ne correspond pas à celui attendu pour les forçages solaire et volcanique[23]. »

Toutefois, tous les hivers ne sont pas doux comme ils le sont devenus depuis. Ainsi, j'ai gardé le souvenir précis de l'hiver 1990-91 en Bourgogne. Avec un collègue canadien, chercheur à la California Academy of Sciences de San Francisco, nous avions obtenu une bourse de l'OTAN[24] pour mener des recherches sur des espèces d'oursins très bizarres. Mais là n'est pas le sujet. Ce collègue, Rich, débarque sur le quai de la gare de Dijon le samedi 9 février 1991. Jusque-là, l'hiver a été spécialement clément. Le dimanche, nous allons chez des amis qui habitent la côte viticole au-dessus de Puligny-Montrachet. Laurent est œnologue et nous propose de l'accompagner dans une cave renommée. En sortant de cette leçon de dégustation sur fût de vins magnifiques encore en cours de fermentation, nous émergeons de la cave pour découvrir le village sous la neige. Le froid vient de s'installer, il neigera, neigera encore et le froid perdurera jusqu'à la mi-mars. Rich, très étonné et pas préparé du tout, même pour un Canadien de l'Ontario, m'empruntera une parka et s'achètera des chaussures adaptées.

De nombreux hivers sont marqués par des vagues de froid et de la neige (la mer gèle en Normandie en janvier 1997), comme par des épisodes anormalement chauds (19 °C à Clermont-Ferrand début janvier 1999).

Les années de cette décennie 1990 sont spécialement pluvieuses. À la station de Dijon-Longvic, encore elle, sept de ces dix années sont au-dessus, voire très largement au-dessus, de la moyenne de la décennie 1980 (1 107, 1 258 puis 1 153 mm de 1994 à 1996) et les trois plus sèches sont encore toutes au-dessus des 800 millimètres habituels. Vingt ans après, on pouvait ressentir et même constater, preuves à l'appui, que la célèbre sécheresse de 1976 n'avait été qu'une anomalie météorologique.

En contrepoint, les épisodes de canicules estivales sont de plus en plus fréquents et pénibles : 1990, 1994, 1995, 1997, 1998, 1999 avec, souvent, plusieurs vagues caniculaires (cinq en 1995, trois en 1998) parfois entrecoupées de phases orageuses avec des pluies violentes. La preuve par l'exemple. Ma grand-mère, nonagénaire qui se moquait bien des statistiques, vient à Dijon l'été pour échapper à la touffeur lyonnaise. Elle tricote, installée sous la glycine, à l'ombre les après-midi. Elle respire mieux à Dijon où, pourtant, certains jours le thermomètre dépasse les 35 °C et atteint les 37 °C ; une température ressentie comme très excessive, caniculaire donc, qui ferait doucement sourire aujourd'hui.

Globalement, en parcourant les relevés de ces années-là, ce qui frappe c'est l'instabilité, les oscillations entre des épisodes contrastés : froid, chaud, inondation, sécheresse. Il devient possible de pressentir que les choses ne tournent pas rond, sans parler des tempêtes comme celle de décembre 1999 restée dans les mémoires. Dans mon souvenir, cette tempête est assortie d'un sentiment de culpabilité. J'étais en partance pour l'Antarctique dans le port d'Hobart en Tasmanie, tout au sud de l'Australie. Je téléphone à la maison et mon épouse m'explique qu'une cheminée est tombée sur le toit, a brisé des tuiles et qu'il va falloir qu'elle trouve rapidement une solution… Sans commentaire !

Quoi qu'il en soit, les choses bougent à toutes les saisons et j'en fais le constat explicite en prenant des mesures préventives lors des travaux d'aménagement des combles de la maison, des combles qui sont en contact direct avec les tuiles. La passoire thermique est évidente et le chemin d'accès aux combles reste clos, du moins jusqu'à la décision d'occupation de ce nouvel espace. Mon premier travail est d'isoler le toit. Le Centre technique du bâtiment me donne les coefficients à appliquer pour mettre en œuvre une isolation adaptée au climat de Bourgogne. Je double les épaisseurs requises avec, en tête, une idée lancinante : alors que tout le monde se préoccupe du froid, je suis convaincu qu'il convient avant tout de protéger la maison de la chaleur. Quelques étés un peu chauds ont suffi à ma prise de conscience définitive du changement climatique en cours. Une prise de conscience concrète et appliquée, qui m'amène à prévoir une arrivée électrique et un conduit d'évacuation connecté à un conduit de cheminée désaffecté, le tout pour être prêt à installer une climatisation dans une pièce si cela devenait nécessaire. Jusqu'à présent, ma culture écologique m'a fait résister à cette tentation, mais le dispositif existe depuis plus de vingt-cinq ans.

Que dire de ma prise de conscience au cours des années 1990 ? En y réfléchissant honnêtement, je peux affirmer qu'elle était aboutie : biodiversité, pollution, climat, la synthèse était réalisée. La prise de conscience relative à la pollution, acquise depuis très longtemps, se complète d'une vigilance accrue avec, tout de même, quelques notes d'espoir. Celle touchant à la biodiversité articule expériences personnelles et observations professionnelles tant sur les mondes marins que sur les forêts de l'est de la France. Celle concernant le changement climatique est actée et ne fera que s'amplifier. Bien sûr, les fluctuations d'une année sur l'autre peuvent masquer la réalité de la tendance au réchauffement, mais pour ma part, je la perçois et je l'anticipe. Cette perception s'incarne dans un souvenir précis. En août 1999, nous passons une semaine en Galice autour du cap Finisterre, la pointe la plus occidentale de l'Europe continentale. Le matin, le brouillard se lève vers 11 heures, l'humidité rend la Galice très verdoyante : une sorte de Limousin au bord de la mer. Pour le retour, nous optons pour la route qui contourne les Asturies par le sud. La traversée du León, la province espagnole, au fil de lignes droites monotones, au milieu de champs rouges et ocre, sans une trace de vert, quasiment sans vie, offre un contraste saisissant avec la verdure galicienne. Rétrospectivement, avec nos lunettes de la décennie 2020, ces images n'étaient-elles pas les prémices de ce que pourrait devenir l'Europe dans un futur pas si lointain ?

Dans les cercles de famille ou d'amis, je passe de plus en plus pour un gentil, un peu bizarrement écolo, pas totalement sérieux et irrémédiablement trop Cassandre. On me jette des regards indulgents. Après tout, je suis un chercheur, par définition un peu idéaliste et à l'écart des choses sérieuses. Tout semble donc normal pour l'immense majorité des Européens, qui ne voient nulle impérieuse nécessité à modifier leurs comportements.

Le puzzle est complet
(années 2000)

Les années 2000 ! Là, tout bascule et surtout tout s'emboîte, le puzzle sinistre se complète. Selon la sensibilité de chacune ou chacun, ce peut être un peu plus tôt ou un peu plus tard, mais avec un minimum de sens de l'observation, personne ne peut plus se réfugier derrière un « tout va bien », « rien ne change ». Le scepticisme qui pouvait prévaloir et ouvrir la porte à des discussions, des débats, s'apparente de plus en plus à du négationnisme.

J'ai le sentiment que, pour l'opinion publique en général, la bascule s'opère avec la canicule de l'été 2003 qui laissera derrière elle plus de 15 000 décès prématurés : on meurt de la chaleur en France ! Au sortir de cet été, la Bourgogne est jaune. De la fenêtre du TGV qui m'emmène vers Paris, le paysage de septembre m'évoque le pourtour méditerranéen ou la Californie.

Oh, bien sûr, d'autres étés avaient connu leurs canicules et sécheresses ; certains ne se privent pas de citer 1947, avec un record établi à 40,4 °C à Paris (record qui sera dépassé de plus de 2 °C en 2019 !) ; 1949 avec ses gigantesques incendies dans les Landes (52 000 hectares partiront en fumée, mais ce seront 66 000 hectares en 2022, y compris dans le Jura, la Bretagne ou les Vosges, malgré des moyens de lutte, notamment aériens, bien plus considérables) ; 1976 et sa sécheresse déjà évoquée. Autant d'années qui servent souvent d'arguments pour nier l'évidence. Car, cette fois, le nouveau millénaire ne s'inscrit pas dans des fluctuations épisodiques, parfois de grande ampleur mais finalement assez éparses. Au contraire, nous faisons face à une tendance de fond qui touche toutes les saisons. En janvier 1947, on patinait sur les étangs gelés du parc de Versailles et le port de Nantes était pris par les glaces. Aujourd'hui, les médias et réseaux sociaux tournent en boucle dès que le thermomètre indique moins de zéro, à l'image de décembre 2022 ou, un peu plus tard, de février 2023. Néanmoins, ce froid qualifié de « polaire » n'aura, à chaque fois, duré que quelques jours. Les Parisiens d'aujourd'hui claquent des dents quand il gèle légèrement le matin et que, pourtant, les températures repassent au-dessus de zéro avant midi. Ces frimas sont bien loin des hivers du XXe siècle comme celui de 1985 quand la Saône était couverte de glace et que les flamants roses mouraient, les pattes prisonnières des étangs gelés de Camargue. Pour continuer à frissonner, nous avons même inventé le concept de « température ressentie », un concept qui revient à mesurer une distance avec un élastique puisque le ressenti ne sera non seulement pas le même entre individus de taille et de corpulence inégales, mais variera aussi pour un seul individu, disons moi, selon que je sortirai de table, aurai mal dormi ou couverai un début de rhume. Avec le tournant du millénaire, les années toutes aussi chaudes les unes que les autres se succèdent. Les dix années les plus chaudes enregistrées depuis 1880 sont toutes postérieures à 2005[25] et les huit plus chaudes sont les huit dernières. Nous en sommes à la cinquième décennie consécutive de réchauffement et cette tendance s'inscrit jusque dans nos points de comparaison. À l'écoute des bulletins météo, nous entendons souvent les températures du jour qualifiées de *x* degrés au-dessous des normales saisonnières ou de *y* degrés au-dessus. Mais savez-vous que ces références, dites « normales », changent ? Elles sont établies sur des périodes de trente ans qui glissent tous les dix ans. Les points de comparaison ne sont donc plus les mêmes car « les indicateurs subissent les effets du changement climatique[26] ». S'il est en effet nécessaire que la normalité corresponde à un vécu collectif pas trop ancien, cela plonge, en revanche, des périodes pas si éloignées dans l'oubli. Nous conservons la notion d'« inférieur à la normale » au prix de cet oubli, sans quoi nous serions presque toujours dans une situation « supérieure à la normale ». Un tel glissement a ainsi été acté le 28 juin 2022, la référence 1981-2010 laissant la place à la nouvelle, 1991-2020, qui conserve la canicule de 2003 et intègre celle de 2019[27]. En posant un regard attentif sur la biodiversité, il est patent qu'elle confirme les relevés du thermomètre :

découvrir des pâquerettes fleuries sur une pelouse de Bourgogne en janvier 2023, apercevoir le 29 du même mois un arbre en fleur dans les jardins du port de l'Arsenal à Paris, savoir que des oiseaux migrateurs choisissent de passer l'hiver en Europe au lieu de poursuivre bien plus loin au sud, à l'image de ces cigognes qui se plaisent en Charente-Maritime[28]. Dès le début du millénaire, notre président d'alors, Jacques Chirac, l'a résumé dans une formule aussi exacte que célèbre : « Notre maison brûle et nous regardons ailleurs [...] et nous refusons de l'admettre. » C'était à Johannesburg, le 2 septembre 2002, pour un autre sommet de la Terre, trente ans après celui de Stockholm et dix ans après Rio.

Et puis, il y a les ressentis personnels. À la fin de l'année 2005, ma mère est très gravement malade. Hospitalisée en soins palliatifs, nous lui rendons visite toutes les fins de semaine à Lyon. En novembre, la porte-fenêtre de sa chambre est ouverte, je suis en T-shirt sur un petit balcon et nous avons un échange sur cette bizarrerie météorologique qui n'en est plus vraiment une.

Lorsque j'étais arrivé à Dijon à la fin des années 1970, j'avais été étonné par la rareté des journées venteuses, par comparaison avec celles que j'avais connues à Lyon. Au cours des années 2000, tout se passe comme si le vent lyonnais avait atteint la Bourgogne. Désormais, l'été, il faut souvent refermer le parasol de la terrasse et se préoccuper des chaises renversées. Cette impression personnelle coïncide avec le constat dressé par Météo-France, qui indique que le climat lyonnais des années 1969-1990 est désormais celui de Dijon et Strasbourg[29].

Punta Arenas, tout au sud du Chili, sur les bords du canal de Magellan. Nous sommes en janvier 2013 et je me prépare à embarquer sur le F/S *Polarstern*, navire océanographique allemand, pour une campagne aux confins de la mer de Weddell (l'océan Austral qui entoure l'Antarctique héberge une faune marine étonnante, très diversifiée et pourtant mal connue, que j'ai contribué à étudier[30]). À Punta Arenas, donc, il fait 20 °C et les habitants profitent du beau temps pour se baigner dans les eaux du canal de Magellan, encore trop fraîches pour un épiderme français ; du jamais vu ! Une dizaine de jours plus tard, après avoir dépassé le cap Horn, franchi le passage de Drake et atteint l'Antarctique, nous découvrons une mer de Weddell encombrée par les glaces. Cet embâcle n'est pas dû à un hiver trop rude, mais à l'absence de fortes tempêtes printanières. Dans le cycle normal, la mer gèle en hiver et lorsque les températures s'élèvent un peu, la banquise se brise et les tempêtes évacuent la glace vers le nord. Au début des années 2010, une météo trop clémente a laissé les plaques de glace s'accumuler, s'épaissir et se souder à nouveau entre elles lors de l'hiver suivant, rendant encore plus difficile leur évacuation. Paradoxe du changement climatique particulièrement intense dans cette région du monde, la glace de mer s'accumule tandis que le lent écoulement de la calotte polaire vers la mer libère des icebergs géants, s'étendant sur plusieurs kilomètres, de plus en plus fréquemment. Il y a embouteillage en mer de Weddell.

Avec les années 2000, les espèces exotiques envahissantes touchent la sphère publique. Si la jussie rampante (une plante d'eau douce, devenue un problème pour nos étangs vers 1970) n'avait pas connu son quart d'heure de célébrité, plus personne n'ignore que le frelon asiatique (arrivé en 2004), le moustique tigre (installé en Métropole depuis 2004 également) ou encore l'ambroisie (plante introduite au XIXe siècle, mais dont l'extension est très récente) sont parmi nous. Il faut dire qu'ils nous impactent désagréablement. Nous portons moins d'attention aux écrevisses de Louisiane, aux ragondins, à la caulerpe[31], aux crépidules[32] ou même aux perruches vertes, oiseaux criards qui zèbrent de vert le ciel du Jardin des Plantes et d'autres parcs parisiens et qu'il m'arrive de trouver décoratives.

En matière d'espèces envahissantes, permettez-moi cependant d'afficher une préférence pour une étoile de mer dont les larves ont été transportées dans les eaux de ballast de cargos naviguant entre le Japon et l'Australie[33]. Arrivée en baie de Melbourne, cette étoile y a pullulé, bouleversant l'écosystème local et ravageant les parcs à huîtres et à moules des environs, ce qui lui a valu l'honneur d'entrer dans le classement des pires espèces invasives de la planète.

Autre espèce qui a mes faveurs, les magnifiques et assez redoutables rascasses scorpions. Travaillant sur des petits crabes qui parasitent les oursins dans les Antilles, j'ai pu croiser à de multiples reprises ces rascasses, descendantes prolifiques de celles échappées d'un aquarium de Floride lors d'un cyclone. À Discovery Bay, station marine sur la côte nord de la Jamaïque, pas une plongée sans en croiser une. Les pêcheurs locaux sont mobilisés pour limiter leur prolifération. Il faut dire qu'elles font concurrence à la faune locale car elles n'ont pas de prédateur et sont de redoutables chasseurs à l'affût.

Désormais, les pressions sur le vivant sont multiples et s'étendent à tous les milieux et sur toute la planète, jusque dans des secteurs auparavant préservés.

Je me souviens d'une étude présentée lors d'un colloque par un collègue chilien[34]. Il l'avait intitulée : « Chronique d'une mort annoncée », en référence au roman éponyme de Gabriel García Márquez. Dans le roman, Santiago, le personnage central, est poursuivi par deux frères armés qui lui en veulent à mort. Tout le village est au courant, mais personne ne bouge et l'issue fatale surviendra comme anticipé. Dans le travail de mon collègue, l'analogie concerne des pêcheries d'oursins sur les côtes chiliennes. Du nord au sud, ce très long pays est subdivisé en une douzaine de secteurs de pêche. La collecte des oursins n'est pas autorisée dans les secteurs les plus méridionaux afin de préserver la ressource. La surpêche a affecté dangereusement les stocks sur les autres secteurs et, progressivement, il a fallu ouvrir aux pêcheurs les secteurs auparavant préservés. Comme dans le roman, tout le monde savait qu'un désastre se préparait, que les populations s'effondraient, mais tout le monde regardait ailleurs à chaque extension des pêches vers le sud. L'hypocrisie est allée jusqu'à débarquer dans un secteur autorisé les oursins récoltés dans un secteur fermé, et jusqu'à réduire la taille minimale des oursins pouvant être prélevés. La catastrophe écologique, mais aussi sociale et économique, est clairement annoncée sans que rien ne change. Les autorités se réfugient derrière le besoin d'études « plus approfondies » dans les fjords du sud et elles les financent tout en renonçant à des mesures plus restrictives. Tout le monde, même les scientifiques, tire bénéfice de la situation, sauf les oursins.

À l'inverse, des secteurs dégradés voient revenir des espèces disparues depuis longtemps. La très chère Loire de mon enfance, si malade bien que je ne m'en rendisse pas compte, se porte de mieux en mieux. Les stations d'épuration des eaux domestiques, le traitement des effluents des tanneries ont joué leur rôle. Les eaux de bien meilleure qualité ont vu le retour de poissons et de leurs prédateurs, les hérons, dont je n'avais pas vu une plume pendant des années, au point de les ranger dans le club des « oiseaux rares ». Je pense également aux chevreuils ou aux renards qui ont montré à nouveau leur museau, comme ceux que j'avais découverts en Allemagne trente ans auparavant !

Une dynamique du même ordre signe le retour du loup. Arrivé d'Italie en 1992, un premier couple de loups s'était installé dans le Mercantour. L'évolution de leur population a été très lente et géographiquement très restreinte au long des années 1990 avant de s'accélérer, de s'étendre à tout le massif alpin, puis de gagner d'autres régions de montagnes au fur et à mesure que les années 2000 s'égrenaient. La progression du lynx est plus timide, mais une petite population semble avoir pris ses pénates dans les massifs de l'Est : Jura, Vosges et nord des Alpes. Quelle que soit l'opinion que l'on puisse avoir sur ces prédateurs et sur la nécessité de leur présence, leur retour témoigne incontestablement d'un équilibre écologique plus proche de celui d'une nature sauvage. De ce point de vue, il démontre à la fois l'efficacité des mesures de protection et la capacité de la biodiversité à y répondre positivement.

Abordons à nouveau le sujet de la pollution. Je ne suis pas d'humeur à évoquer les plastiques que de grands gyres océaniques rassemblent en « continents » de déchets décrits pour la première fois en 1997[35]. C'est immonde, triste, et les pansements mis pour traiter le problème a posteriori sont dérisoires eu égard à l'ampleur de la question, alors que des solutions en amont, plus économiques, semblent à notre portée, à savoir produire et utiliser moins de plastique. Mais sans doute cette idée est-elle trop bizarre pour lui donner une suite internationale à la hauteur de l'enjeu, non ?

À la charnière entre pollution et biodiversité en déclin, impossible de passer sous silence herbicides et insecticides, en y incluant les plantes génétiquement modifiées qui produisent leurs propres molécules toxiques. Prenons l'exemple des oiseaux. Il est avéré que certaines espèces emblématiques se portent mieux grâce aux efforts de conservation et de préservation préconisés par la « Directive oiseaux » de l'Union européenne, à l'instar du vautour fauve, du gypaète barbu ou des cigognes. Il est vrai, également, que des opportunistes tirent leur épingle du jeu, comme les grands cormorans ou les corneilles qui se sont adaptées à nos villes. Il est sinistrement tout aussi vrai que les populations des plaines agricoles ont chuté de 40 % en trente ans : alouette des champs, chardonneret élégant ou perdrix grise. Je pourrais aussi parler de la tourterelle des bois, ce bel oiseau victime de la folie des chasseurs. En bref, si certains oiseaux se portent mieux, de nombreux autres ne vont pas bien du tout. Est-ce un monde sans oiseaux que nous voulons léguer à nos petits-enfants ?

J'ai une anecdote qui pourrait être drôle si le sujet n'était pas aussi grave. Vous vous souvenez que j'ai parlé des boues rouges en Méditerranée. Après de multiples moratoires dont la seule motivation était de gagner du temps et, donc, de l'argent pour les actionnaires, Alteo, nouveau propriétaire de l'usine de Gardanne, a mis un terme au déversement des boues dans le canyon de Cassidaigne. Depuis 2016, les boues sèches sont stockées à terre, engendrant au passage d'autres problèmes d'environnement et surtout de santé publique lorsque des poussières nocives s'envolent des « terrils ». Seuls des effluents liquides sont rejetés en mer. Lors d'une visite du site par Ségolène Royal, alors ministre en charge de l'environnement, on raconte que le directeur lui présenta un petit flacon. Très fier, il vante la transparence du liquide et insiste sur l'exemplarité d'Alteo jusqu'à ce que la ministre lui enjoigne d'avaler une ou deux gorgées de son « eau limpide ». Las, elle est limpide, mais bourrée de trucs indigestes dont de l'arsenic et le directeur refuse tout net de se plier à l'exercice. Je ne sais pas si cette anecdote est véridique car elle m'a été rapportée mais, même si elle ne l'était pas, elle resterait révélatrice d'une tendance à glisser les problèmes sous le tapis.

La « traditionnelle » marée noire du moment change un peu de registre. Cette fois, elle provient de l'explosion de Deepwater Horizon, une plateforme implantée dans le golfe du Mexique qui faisait la fierté de British Petroleum (BP). Le puits le plus profond jamais foré en mer avait bénéficié d'exemptions et d'une forme de complaisance de la part des autorités de contrôle et de l'administration du président G.W. Bush.

Si je tente un bilan de ces années 2000, je dirai que l'aiguille de mon compteur oscille bien plus souvent vers les côtés négatifs que vers les positifs. Ce diagnostic, je l'ai posé depuis plusieurs années en intégrant les principaux facteurs de pression qui impactent la biosphère. Donc, rien de nouveau de mon côté, si ce n'est l'addition de plus en plus longue des alertes qui me rendent toujours plus pessimiste. Je ne suis pas le seul à être d'humeur maussade et de plus en plus de voix s'élèvent, à l'image de celle d'Al Gore, ancien vice-président des États-Unis, qui frappera l'opinion en 2006 avec son documentaire *Une vérité qui dérange* ou de celle de Jared Diamond qui publie en 2005 un essai sur l'effondrement des sociétés[36]. En France, le parti écologiste atteint 16 % aux élections européennes de 2009, un niveau jusqu'à présent inégalé. Bien que les électeurs n'aient sans doute pas tous eu des motivations environnementales, le message est explicite. Adossé à une large communauté d'experts analysant chaque fois plus de 10 000 articles, le GIEC poursuit son travail avec rigueur et obstination. Le troisième rapport, publié en 2001, pronostique un réchauffement plus important que celui envisagé par les rapports précédents et, surtout, il en attribue la majeure partie aux activités humaines. Le quatrième rapport enfonce le clou en 2007 : « On peut avancer avec un *degré de confiance très élevé* que les activités humaines menées depuis 1750 ont eu pour effet net de réchauffer le climat. » Quant au cinquième, en 2013, il insiste : « L'influence de l'homme sur le système climatique est clairement établie. » Le sixième, publié en 2023, est du même acabit, toujours affirmatif quant aux forçages anthropiques, tout en insistant sur la nécessité de plus de sobriété sous peine de voir encore s'amplifier, en fréquence et en intensité, les épisodes climatiques extrêmes !

À titre personnel, sans être parfait, loin de là, j'essaie d'être mesuré : en voiture, je suis plus préoccupé par la consommation que par la moyenne ; en vingt ans je n'aurai pris qu'une seule fois l'avion pour des raisons touristiques (pour rendre visite à ma fille alors en stage au Canada) ; nous consommons le plus possible local (sauf pour les bananes et les ananas) et de saison ; nous avons investi dans l'isolation et les performances énergétiques de la maison ; nous prenons soin de ne pas courir après les dernières innovations technologiques... Je ne suis pas le seul et ma part de Cassandre des années passées est de moins en moins regardée avec une distance polie, surtout par les générations montantes : et si c'était vrai ? Tout n'est donc pas totalement noir et un sursaut, un infléchissement de nos comportements, reste possible.

Conclusion

Aujourd'hui, on ne peut plus dire sans être aveugle et sourd, en toute mauvaise foi ou par paresse : « Je n'ai pas compris, je conteste en vrac toutes les observations et déductions scientifiques, je nie tout en bloc ! » Pourtant, des réticences se manifestent régulièrement sur les médias ou les réseaux sociaux. Pour comprendre comment ces réticences se construisent, prenons le cas du réchauffement climatique. Comme pour bien d'autres sujets, le cheminement emprunté par les contestataires des réalités scientifiques qui les dérangent est souvent le même. Le premier niveau de contestation consiste simplement à nier. Le rejet brutal des faits se heurte toutefois à la réalité du thermomètre, ce qui rend vite la position intenable. En effet, les chiffres sont têtus et, sauf à tomber dans un négationnisme aussi aveugle que stupide, ceux de Météo-France sont éloquents[37]. Prenons les températures moyennes relevées en France décennie après décennie depuis le début du xxe siècle. Comme je l'ai souligné dans le chapitre consacré à l'enfance, il faut remonter à la période 1911-1920 pour trouver une décennie plus froide que celles des années 1960 et 1970. Un premier seuil de réchauffement est franchi avec les années 1980, qui sont à peine plus chaudes (+ 0,2 °C) que les années 1940, les plus clémentes jusque-là. Ensuite, le processus s'accélère, voire s'emballe.

Un deuxième niveau de contestation consiste à remettre en question la causalité du phénomène : ce ne sont pas les gaz anthropiques qui sont à l'origine d'un tel réchauffement, ou du moins ils ne sont pas les seuls, affirmation souvent maintenue bien que la hausse des températures soit proportionnelle aux émissions anthropiques. D'ailleurs, en quoi 200 ou 250 ppm (parties par million) de CO_2 en plus dans l'atmosphère auraient-ils pu changer la donne ? 0,025 %, c'est infime. Osons une comparaison. Je suggère à ces personnes d'accepter de se livrer à une expérience : ingurgiter une proportion similaire d'amanite phalloïde, soit 15 grammes pour une femme de 60 kilos ou 20 grammes pour un homme de 80 kilos. De graves atteintes au foie et aux reins, voire la mort, pourraient clore l'expérience car l'effet produit n'est pas seulement une affaire de proportion. Idem pour le réchauffement : 250 ppm, c'est peu, mais l'effet est important.

Un troisième niveau de défense consiste à proclamer que la Terre a été bien plus chaude auparavant. C'est tout à fait exact. À l'échelle des 500 derniers millions d'années, nous sommes dans une période relativement froide de l'histoire de la planète, une période qui s'est initiée il y a environ 30 millions d'années. Au long de tous ces millions d'années, la vie a eu le temps d'évoluer, de s'adapter à ces nouvelles conditions climatiques. À chaque fois, le scénario a été le même : les longues phases de transition froid-chaud ou chaud-froid ont permis à la biosphère de suivre plus ou moins bien le mouvement. Notre biosphère en est le résultat et elle est « faite pour » des conditions fraîches avec des glaciers et des calottes polaires. Le sujet très préoccupant aujourd'hui est que tout va beaucoup trop vite pour que la vie ne subisse pas d'énormes dégâts pour tenter de suivre.

Un ultime argument est d'affirmer que le CO_2 est bon pour la planète, qu'il serait bénéfique pour la végétation. Soit ! Cette végétation poussant mieux stockerait en retour pas mal de carbone. C'est ainsi que se sont constitués les gisements de charbon du Carbonifère, dans d'immenses marécages ou lagunes littorales. En imaginant que notre soif d'occupation des espaces laisse une place gigantesque à cette végétation luxuriante, en imaginant que les conditions d'humidité soient optimales, en regard de la sécheresse du début de l'année 2023[38] et des grands incendies qui ravagent diverses régions du globe, nous n'en prenons pas le chemin, tout cela se ferait, là encore, sur un rythme extrêmement lent, courant sur des dizaines de milliers d'années au mieux, un rythme incompatible avec celui de notre production de gaz à effet de serre. Donc, sauf à se ranger dans le camp de complotistes égarés, la rationalité pousse à prendre conscience que la trajectoire environnementale suivie par la planète ne sera pas tenable à terme.

De là, provient un glissement assez simple qui conduit les générations nées au tournant des années 2000 à clamer « j'ai compris bien plus tôt, sous-entendu bien plus jeune, que vous autres ! ». Facile à dire quand toutes les clefs sont disponibles. J'espère avoir démontré à travers mon vécu, complété par quelques retours sur des données d'époque, que ce qui est évident en 2023 ne l'était pas en 1973, ni même en 1983. Un peu d'indulgence s'il vous plaît.

D'ailleurs, quitte à polémiquer dans ces dernières lignes, les jeunes thuriféraires de la cause environnementale sont-ils si exemplaires que cela ? Certes, leur prise de conscience se traduit en actes vertueux, mais, tout mis bout à bout, la balance de la vertu penche-t-elle tant que ça du côté des millennials ?

Jouons à comparer un adolescent ou un jeune adulte des années 1970-1980 avec son « jumeau » des années 2020. Côté transports, le premier roulait en Solex, le second en scooter, pas toujours électrique. Les déplacements en avion étaient financièrement inabordables et donc totalement exclus alors qu'il est aujourd'hui tentant d'aller à Rome pour 30 ou 40 euros, ou à Marrakech pour moins de 100 euros[39], quand ce n'est pas à l'autre bout de la planète. Les voitures estudiantines étaient rares, consommaient proportionnellement beaucoup, mais étaient de très petite taille (Renault 4L ou Citroën 2CV) et roulaient finalement peu.

Côté logement, la surface moyenne dévolue à chaque Français a augmenté de 28 % entre 1984 et 2006[40]. En contrepoint, la qualité des dispositifs de chauffage et de l'isolation a été considérablement améliorée, évolution hélas en partie contrebalancée par le niveau de température souhaitée, souvent au-dessus de 20 °C, lorsque les revenus des occupants le permettent. Dans la maison de mes parents, entre 1960 et 1975, les matins d'hiver, la température atteignait péniblement les 14 °C dans la chambre que je partageais avec mon petit frère, et nous disposions de gros édredons en plume. Il faut admettre que cette maison était une passoire thermique, équipée d'un chauffage à air pulsé totalement inefficace, mais gourmand au point d'avaler ses 7 000 litres de fioul chaque année.

Depuis une trentaine d'années, l'équipement électrique de nos habitations a vu progressivement s'ajouter aux lave-linge, réfrigérateur et télévision des années 1970-1980 un congélateur, un four micro-ondes, un sèche-linge, des ordinateurs, des consoles, des écrans multiples, des lecteurs d'abord de cassettes VHS, puis de DVD avant que ne surgissent le câble, la fibre et les abonnements qui vont avec. La gabegie énergétique déborde de nos bâtiments. Qui aurait imaginé chauffer une rue en laissant ouvertes les portes des commerces ou en équipant des terrasses de bistro de chauffages radiants ?

Au total, en euros constants, et à l'exception d'un pic dans les années 1980, la part des dépenses d'énergie dans le budget des ménages est restée quasiment la même depuis 1970[41] ; élément à mettre en regard du développement de la consommation : beaucoup plus d'équipements, cinq fois plus de kilomètres parcourus… ce qui signifie que le coût du service rendu était proportionnellement plus important. Globalement, au cours de ces années 1960-1980, le levier des prix poussait aux économies d'énergie, d'eau ou d'électricité et donc à une certaine (relative) frugalité en dépit de technologies qui n'étaient pas conçues pour.

Côté nourriture, les « viandards », fiers de l'être à l'époque, sont les ancêtres des amateurs de nourriture transformée et de plats préparés, des accros à la livraison à domicile – plus question d'éplucher ses légumes[42]. Le coût des produits alimentaires engendrait, lui aussi, une incitation à l'économie quand on constate que la part de l'alimentation dans le budget des ménages est passée de 35 % à 20 % en cinquante ans.

Mais tournons notre regard vers les incitations à la consommation. Il y a cinquante ans, les publicités se limitaient aux médias, journaux, radio et TV, et aux panneaux le long des routes. Il y avait deux courtes périodes de soldes par an. Aujourd'hui, le « Black Friday » (à l'appellation trompeuse puisqu'il court sur plusieurs jours, voire semaines) représente une incitation à une frénésie de consommation irresponsable. Ne me dites pas que ce sont des reports d'achats car, sinon, pourquoi les entreprises se priveraient-elles de ventes à « prix normal », hors Black Friday ? Parfois, la démarche est plus subtile, comme avec les sites qui proposent des transactions d'objets de seconde main. Prenons le cas emblématique des vêtements pour adultes. J'ai un manteau encore en bon état et je souhaite changer de style. J'en ai envie. C'est parti, je cède le mien pour quelques dizaines d'euros et en trouve un autre à mon goût pour une somme à peine supérieure, voilà le principe. Certes, c'est mieux que d'acheter du neuf, mais il conviendrait de ne faire ni l'un ni l'autre et de garder quelques années de plus mon manteau encore en bon état. Les sites de ventes de vêtements de seconde main m'offrent un détour pour me donner bonne conscience tout en consommant toujours autant, entraînant des coûts énergétiques associés importants : emballage, transport...

Évidemment, il était facile d'être vertueux en téléphonie, photos et messagerie à l'époque où les réseaux n'existaient pas et où, pour téléphoner, il fallait se procurer un jeton, avant de passer, luxe suprême, aux cartes prépayées, ou que les pellicules Kodak de 36 vues étaient fort chères. J'ai montré de vieilles cartes et des images de cabines téléphoniques à ma petite-fille de cinq ans qui a eu le même regard que quand je lui parle des mammouths. Ce n'est pas pour autant qu'il faut se cacher derrière son petit doigt. Aujourd'hui, les réseaux sont un gouffre énergétique. Chaque

SMS, mail, photo, post sur Instagram ou TikTok, tous les stockages sur des « clouds » qui ne sont jamais nettoyés, sont un fardeau environnemental majoritairement imputable aux nouvelles générations. En 2015, à elle seule, la consommation énergétique du numérique représentait 12 % de la consommation d'électricité et 3 % de la totalité de l'énergie utilisée en France, et la tendance est plutôt à l'augmentation[43].

Quant aux boomers, finalement sans doute pas si voraces que les consommateurs d'hier, il faut bien reconnaître que certains n'hésitent pas à abuser de leur opulence financière et du temps disponible offert par la retraite pour parcourir des milliers de kilomètres dans des véhicules surdimensionnés, se payer à prix d'or des safaris en Afrique quand ce ne sont pas des croisières en Arctique, voire en Patagonie ou en Antarctique. Aucune vergogne, bien au contraire, et ce sont ces comportements abusifs qui incitent à penser que leur jeunesse a été tout autant excessive alors qu'il n'en était sans doute rien.

Donc trêve de comparaisons car, au final, la vertu des jeunes des années 1970 était due aux circonstances de l'époque qui limitaient leurs aspirations, et non pas à une prise de conscience, tandis que la vertu des nouvelles générations n'est que partielle, même si elle est ancrée dans des constats implacables. Un peu de tolérance et d'indulgence réciproques ne feraient pas de mal.

Pour conclure, que tirer de cette introspection, de ce voyage dans mon passé couvrant six décennies ? Qu'aurais-je pu comprendre plus vite, saisir plus tôt ? Certainement pas la pollution ou les atteintes directes à la biodiversité par les chasseurs, perçues dès l'enfance, ni le changement climatique reconnu comme une menace dès que les signaux en ont été visibles. Un certain retard à prendre conscience est plutôt à chercher du côté de l'usage des espaces, facteur pour lequel une vision du progrès, que je pourrais avec le recul qualifier d'un peu naïve, m'a masqué un peu trop longtemps la réalité. On peut finalement dire que les choses sont rarement simples et que nous sommes influencés par nos époques, que notre liberté de penser existe, heureusement, mais qu'elle est corsetée de manière plus ou moins serrée par l'air du temps. Tout cela est fort banal, me direz-vous, mais mon histoire est assez banale elle aussi. L'itinéraire d'une prise de conscience progressive, sans doute juste un peu plus précoce et plus aboutie que la moyenne…

La question en suspens est : dans cinquante ans, quel regard sera porté sur notre sensibilité et nos comportements d'aujourd'hui ? Comment seront jugés nos querelles stériles, nos renvois de balle, nos invectives entre générations ? À l'époque de leurs jeunes années, les plus de cinquante ans n'avaient pas les clefs du changement climatique, clefs qui ne sont venues que dans les années 2000. Désormais, nous savons que la situation est très préoccupante. Si l'on ne veut pas se faire accuser par les bébés d'aujourd'hui, qui auront trente ans en 2050, d'avoir dépensé notre énergie dans des polémiques, au lieu de se chicaner, il faut traiter la malade, à savoir la planète, son atmosphère, sa biosphère, il faut changer nos comportements individuels comme collectifs. Le temps presse.

Comme l'écrivait Jean Dorst en 1965 : « Le passé ne sera jamais une espérance : on ne regarde pas devant soi dans un rétroviseur. »

NOTES

Introduction

1. Rachel Carson, *Silent Spring*, Houghton Mifflin, 1961 (*Printemps silencieux*, Plon, 1963).

2. Jean Dorst, *Avant que nature meure*, Delachaux et Niestlé, 1965.

3. P. 312 de l'édition de 1965.

Enfance
(1960)

4. Ces tanneries existent toujours avec, désormais, un traitement de leurs effluents dans leur propre station d'épuration, ce qui évite les rejets de chrome dans la Loire.

5. Je renvoie le lecteur à la critique cinglante et lucide de Camille Brunel (2011) : http://mauvaiseslangues.blogspot.com/2011/04/les-racines-de-lenfer.html

6. Document Météo France (fiche climat du 7 septembre 2015).

7. L'IPBES, en français Plateforme intergouvernementale scientifique et politique sur la biodiversité et les services écosystémiques, est un organe intergouvernemental créé en 2012.

Adolescence
(début des années 1970)

8. Les limitations de vitesse n'existaient pas encore.

9. Ce rapport alertait sur les risques d'effondrement sauf à réguler, voire geler, croissance démographique, activités industrielles et exploitation des ressources. Il a été largement critiqué lors de sa sortie.

À l'université
(fin des années 1970)

10. Si je peux donner ces détails, c'est que j'ai conservé ce « chef-d'œuvre » dans un grand carton à dessin.

11. Ces éléments météorologiques de la fin des années 1970 et bien d'autres sont consultables sur le site https://www.meteo-paris.com/chronique/annee/1970

Jeune chercheur et nouveau père de famille (années 1980)

12. Une étude récente souligne que l'effet des aérosols aurait pu masquer le réchauffement climatique jusque dans les années 1980 (source : *CNRS – Le Journal*, n° 310, décembre 2022).

13. La température officielle à la station météorologique de Dijon-Longvic est de – 20,9 °C le 9 janvier.

14. https://www.infoclimat.fr/climatologie/annee/1980/dijon-longvic/valeurs/07280.html

15. https://www.infoclimat.fr/climatologie/annee/1980/dijon-longvic/valeurs/07280.html

16. Groupe d'experts intergouvernemental sur l'évolution du climat.

17. Écouter le discours d'António Guterres, secrétaire général de l'ONU, au forum de Davos en janvier 2023.

18. Voir par exemple le programme STOC (Suivi temporaire des oiseaux communs) qui a été initié dans les années 1980.

Une période de transition où les nuages s'amoncellent (années 1990)

19. Il s'agit en réalité d'un amincissement de la couche d'ozone.

20. Source : Millennium Ecosystem Assessment.

21. Zone naturelle d'intérêt écologique, faunistique et floristique.

22. Voir le chapitre précédent.

23. Concrètement, cela signifie que la différence de réchauffement entre troposphère et stratosphère n'est pas celle attendue si la cause en était naturelle.

24. Étrange, mais bien réel. Cette institution de défense finançait des recherches fondamentales entre pays occidentaux alors même que la France n'était plus membre de l'OTAN.

Le puzzle est complet
(années 2000)

25. Source NOAA (National Oceanic and Atmospheric Administration) et ERA5 de l'ECMWF (European Center for Medium-Range Weather Forecasts).

26. Selon Météo-France, les températures moyennes annuelles dites « normales » ont augmenté de 1,15 °C entre la référence de 1961-1990 et celle de 1991-2020.

27. Voir l'explication très complète fournie sur le site : https://meteofrance.com/actualites-et-dossier/actualites/climat/de-nouvelles-normales-pour-qualifier-le-climat-en-france

28. Source : LPO.

29. https://meteofrance.com/actualites-et-dossier/actualites/climat/de-nouvelles-normales-pour-qualifier-le-climat-en-france

30. Pour les curieux, voir Bruno David et Thomas Saucède, *Biodiversité de l'océan Austral*, ISTE éditions, 2015.

31. La caulerpe est une algue verte marine d'origine tropicale. Elle a été introduite accidentellement en Méditerranée et s'est rapidement étendue au détriment des herbiers de posidonies. Sans que l'on en cerne encore le mécanisme, elle est aujourd'hui en forte régression.

32. Les crépidules sont des gastéropodes marins originaires d'Amérique du Nord, introduits en France par les navires de guerre alliés à la fin de la Seconde Guerre mondiale. Elles prolifèrent sur les côtes de la Manche.

33. Il s'agit d'*Asterias amurensis*, une espèce qui a valu à une collègue de Sydney, Maria Byrne, d'être sollicitée pour tenter de la contrer.

34. W.B. Stotz, « The History of the Chilean urchin fishery : Chronicle of an announced death ? » in *Echinoderms Durham*, L.G. Harris et al. eds, p. 561-570, Taylor & Francis group, London.

35. Charles Moore et son équipage ont été les premiers à déceler la présence d'un gigantesque dépotoir de plastique dans une zone reculée du Pacifique.

36. *Collapse : How Societies Choose to Fail or Survive* (2005) sera traduit en français sous le titre *Effondrement : Comment les sociétés décident de leur disparition ou de leur survie* en 2006.

37. https://meteofrance.com/actualites-et-dossier/actualites/climat/de-nouvelles-normales-pour-qualifier-le-climat-en-france

38. Plus de trente jours sans pluie sur l'Hexagone.

39. Tarifs relevés sur les meilleures offres du site Vueling fin décembre 2022 pour des vols en janvier 2023.

40. Données de l'INSEE (https://www.insee.fr/fr/statistiques/4797616?sommaire=4928952)

41. Chiffres clés du ministère de la Transition écologique, données 2021.

42. Depuis 1960, la part de viande dans le panier alimentaire a décru de 17 % tandis que la consommation de plats préparés s'est accrue de 4,4 % par an, soit plus de 250 % en soixante ans. De même, celle de légumes prédécoupés et emballés, d'inexistante, est devenue courante (source INSEE Première, octobre 2015).

43. Source : https://www.notre-environnement.gouv.fr

Cet ouvrage a été achevé d'imprimer
par CPI Brodard & Taupin
pour le compte des éditions Grasset
en avril 2023

Composition et mise en pages
Nord Compo à Villeneuve-d'Ascq

PAPIER À BASE DE
FIBRES CERTIFIÉES

Grasset s'engage pour
l'environnement en réduisant
l'empreinte carbone de ses livres.
Celle de cet exemplaire est de :
200 g éq. CO_2
Rendez-vous sur
www.grasset-durable.fr

N° d'édition : 22 819 – N° d'impression : 3052527
Dépôt légal : mai 2023
Imprimé en France